LA GOBERNANZA DE LA SALUD PÚBLICA

EXCELENCIA O IDEOLOGÍA

LA GOBERNANZA DE LA SALUD PÚBLICA

EXCELENCIA O IDEOLOGÍA

Ramón Tamames
Valeriano Gómez
Jesús Sánchez Lambás
Lorenzo Dávila
Álvaro Hidalgo Vega
Juan E. del Llano Señarís
Enrique Linde Paniagua
Ramiro Aurín

ALMUZARA

Primera edición: Octubre de 2017

Editorial Almuzara
Edición al cuidado de: Rosa García Perea
Director editorial: Antonio Cuesta
Portada: Kame Editors
www.editorialalmuzara.com
pedidos@editorialalmuzara.com — info@editorialalmuzara.com

Imprime: Gráficas La Paz
ISBN: 978-84-17229-25-2
Depósito Legal: CO-2020-2017
Hecho e impreso en España—*Made and printed in Spain*

ÍNDICE

PREFACIO

El derecho a la salud efectivo y universal es un logro difícil y supone un enorme esfuerzo económico a los países que han conseguido desarrollarlo. Y si alcanzar la vigencia real del derecho a la salud es difícil, su mantenimiento en el tiempo en absoluto es fruto de automatismos administrativos o del voluntarismo ético de una sociedad. Lo que esperamos de un efectivo derecho a la salud es una mejor calidad de vida y un aumento de la esperanza de vida, lo que sumado al natural envejecimiento que sufren las sociedades desarrolladas fruto de ese derecho efectivo a la salud y a la disminución de la natalidad hace que la gestión de ese derecho en forma de sistema sanitario sea de gobernanza compleja y fluida. No hay situaciones estacionarias, no hay fotos fijas, por lo que la gobernanza de la salud pública necesita de toda la innovación y talento disponible para mantener en el tiempo un derecho a través del cual fluye el derecho a la vida.

En nuestro país el Sistema Nacional de Salud llevó la efectividad del derecho a la salud hasta sus últimas consecuencias, pero ya a finales del siglo XX empezaron a percibirse señales de alarma en la medida en que el gasto sanitario no podía ser contenido sin pensar en rebajar las prestaciones o su calidad. Se necesitaba, se necesita, innovación permanente en la gestión, además de la tecnológica y disponer de los recursos financieros necesarios para satisfacer una demanda que no sigue los ciclos económicos, que sí son sufridos por los ingresos del estado, que son los que abastecen el SNS. Esa necesidad adaptativa y de lucha para prevalecer sobre los elementos no es el ámbito en el que la gestión pública, de estructura administrativa y más o menos funcionarial, dé lo mejor de sí. Es necesario introducir la innovación y el talento en las formas organizativas en que estos son más productivos de cambios y adaptaciones, que una vez producidos pueden ser exportados al resto del sistema. No se trata de destruir lo mucho bueno que se ha construido si no de promover las mutaciones necesarias para que siga siendo útil. Y si queremos resultados distintos tenemos que hacer cosas distintas.

Así pues, desde la Asociación para la Excelencia de los Servicios Públicos, pensamos que es necesaria una reflexión racional y generosa sobre las nuevas y las viejas experiencias en la gobernanza de la salud, que nos lleve a explorar caminos nuevos que permitan al SNS seguir siendo un formidable productor de calidad y esperanza de vida para los ciudadanos de este país, y evitar que el narcisismo ideológico y los intereses políticos y/o electorales arruinen por artrosis un sistema que se ha situado entre los mejores del mundo, en la gestión del derecho que más nos iguala a todos, el derecho a la salud.

Así, Ramón Tamames, Valeriano Gómez, Jesús Sánchez Lambás, Lorenzo Dávila, Álvaro Hidalgo Vega y Juan E. del Llano , con una introducción de Enrique Linde, abordan la necesidad de una gobernanza de la salud pública más dinámica en busca de la excelencia y alejada de determinismos ideológicos de uno u otro signo.

EXCELENCIA O IDEOLOGÍA

La Constitución española reconoce «el derecho a la protección de la salud» y encomienda a la ley que establezca los derechos y deberes de todos los implicados en el sector sanitario. Además, ordena a los poderes públicos «organizar y tutelar la salud pública» indicando que, al efecto, deben establecerse «medidas preventivas», «prestaciones» y «servicios sanitarios». Y por último ordena a los poderes públicos que fomenten la educación sanitaria y encomienda al Estado las «bases y coordinación general de la sanidad».

A partir de esos mandatos la legislación desarrollada por el Estado y las Comunidades Autónomas en materia sanitaria es un conjunto normativo excelente, pero no es suficiente para afrontar algunos retos que ponen en peligro la sanidad de los españoles.

La protección de la salud por los poderes públicos se inscribe en la realización del objetivo de la igualdad material de los ciudadanos. Una sociedad en que los ciudadanos tengan asegurada la protección de la salud (y la educación) en condiciones iguales sin discriminación por cualquiera condición personal, social, religiosa o de otra índole está consolidando unos cimientos muy sólidos para su desarrollo justo y armónico. Así cada persona aporta impuestos en función de su capacidad económica y recibe servicios sanitarios en función de sus necesidades de salud.

La Constitución española, pues, mandata a los poderes públicos para que consigan el objetivo de la igualdad sin otro condicionamiento que no sea el de alcanzarla; se trata de un mandato finalista que permite la utilización de cualesquiera medios que resulten oportunos, públicos y privados

El legislador español optó por la creación de un robusto Sistema Nacional de Salud en la tradición europea de los servicios públicos sanitarios. Y desde el primer momento se dejó abierta la posibilidad de que junto al sector público sanitario existiera un sector privado. Además, la legislación deja abierta la posibilidad de que el sector público utilice todos los mecanismos de colaboración con el sector privado a través de las técnicas que suministra, fundamentalmente, la legislación sobre contratos del sector público.

La asistencia sanitaria en España es una prestación no contributiva cuya financiación se realiza a través de los impuestos y está incluida en la financiación general de cada Comunidad Autónoma, existiendo dos fondos adicionales, el de Cohesión gestionado por el propio Ministerio de Sanidad y Consumo y el Programa de Ahorro en Incapacidad Temporal.

La crisis económico financiera, con una drástica reducción de los ingresos de todas las administraciones públicas, afectó de manera directa al gasto público en sanidad. Así en el año 2011 se alcanzó la cifra de 73.238 millones de euros, tras un crecimiento constante en años anteriores, mientras que en 2015, tras una ligera recuperación, se situaba en 65.565 millones. Esta contracción del gasto tuvo consecuencias considerables, así se han incrementado las listas de espera, ha disminuido la inversión en nuevos hospitales, o en la rehabilitación de los mismos, el personal sanitario ha disminuido y un largo etcétera de deficiencias que explican que en el mismo período haya crecido de forma significativa el sector privado de la sanidad.

En la actualidad si no existiera un fuerte sector privado sanitario, el sistema entraría en una situación de colapso. No obstante, el sector público debe seguir siendo el regulador y contenedor del crecimiento del sector privado para que no nos dirijamos hacia el modelo norteamericano en que el sector público es marginal y el sector privado, con una eficiencia inferior a la española, supone un gasto per cápita que triplica el gasto per cápita español, dejando desprotegidos a millones de norteamericanos. Pero nada anticipa semejante riesgo.

Uno de los elementos que justifican la necesidad de una mayor eficiencia en los sistemas sanitarios es la creciente alza del gasto sanitario en los países de la OCDE en los que el peso del gasto en sanidad se ha incrementado más del doble en porcentaje del PIB en los últimos 50 años.

Debido a este incremento ha sido necesario establecer medidas para que se ralentizase su crecimiento.

En un entorno donde cada vez los recursos son más escasos, es esencial elegir entre las distintas alternativas posibles de forma racional.

Así pues tras un periodo de grave recesión de 1992 a 1996, hubo cada vez más número de Gobiernos en Europa, que fueron adoptando sistemas CPP como soluciones a los retos a los que se enfrentaba la Sanidad Pública para evitar su insostenibilidad.

En España el gasto público en sanidad seguía creciendo más y más, debido al envejecimiento de la población, a las necesidades tecnológicas de la actividad en los hospitales, etc

Ese ritmo de crecimiento del gasto era insostenible a menos que se habilitaran nuevas vías de financiación y gestión.

Todos estos problemas fueron detectados y analizados por el brillante informe que el 25 de septiembre de 1991, Fernando Abril, a petición del gobierno de Felipe González, presentó al Congreso de los Diputados. Pese a que el tiempo ha demostrado la pertinencia y exactitud de su diagnosis y la bondad de las soluciones que proponía, ni gobierno ni oposición defendieron su aplicación por temor a las reacciones que pudieran provocar los cambios en el status quo.

Seis años después fue aprobada la Ley 15/97 por el Congreso de Diputados, y configuró definitivamente la posibilidad de que las Administraciones Públicas practicaran la concesión sanitaria para la colaboración privada (CPP), dando respuesta así a parte de las carencias que el informe Abril había demostrado en el SNS.

El modelo concesional puede considerarse un instrumento para financiar y simultáneamente mejorar la gestión pública de la sanidad, que permite el control del beneficio empresarial sin menoscabo del objetivo principal de proteger la salud de las personas de modo eficiente, de manera que esta no se convierta en un negocio, si no que la excelencia de la gestión, económica y asistencial, genere beneficios para el conjunto de la sociedad y lógicamente también para sus actores, con las adecuadas limitaciones y condiciones contractuales.

Los escasos estudios rigurosos que analizan comparativamente los resultados clínicos de hospitales del sistema público de salud según sean de gestión pública o privada ofrecen resultados cuando menos equivalentes, y en ningún caso negativos para los de gestión privada.

Otro asunto es la percepción de los ciudadanos, donde a partir de resultados equivalentes sobre la salud influyen factores de eficiencia en la gestión, y no precisamente económica, a la que los pacientes son ajenos en su contacto con el sistema, si no de facilidad y rapidez de acceso, de comodidad de las instalaciones o de duración de las listas de espera. Ahí el éxito de los modelos de gestión privados es innegable. El ejemplo de lo que ocurre cuando se deja decidir al ciudadano lo tenemos con tres grandes mutualidades que en conjunto abarcan más de dos millones de beneficiarios: la Mutualidad General de Funcionarios del Estado (MUFACE), el Instituto Social de las Fuerzas Armadas (ISFAS), y la Mutualidad General Judicial (MUGEJU). A los miembros de estas mutualidades se les dio la opción de elegir la asistencia pública o la de determinadas aseguradoras. El resultado es demoledor: el 85% de los mutualistas eligió las aseguradoras privadas. Esto no cuestiona la excelencia de la práctica clínica más especializada y exigente de los hospitales de gestión pública, pero pone de manifiesto que en la asistencia sanitaria más cotidiana el ciudadano aprecia la eficiencia y las maneras de la gestión privada, de la que no tendría que haber ningún prejuicio en importar procedimientos hacia los centros de gestión pública, y máxime después de que ya se han experimentado holísticamente con todas las responsabilidades sanitarias en un territorio como ha sido el caso en la Ribera valenciana (hospital de Alzira). Negar los beneficios de ese maridaje roza la prevaricación, como mínimo la intelectual, y desde luego es contrario al interés general, entendido este como mejor aprovechamiento de los impuestos de los ciudadanos y como mejores expectativas de salud de los mismos.

En la comparación estrictamente económica hay que atenerse a contextos comparables para que el análisis de costes y prestaciones tenga sentido. Con esta premisa el mejor ejemplo es sin duda la auditoría de la Sindicatura de Cuentas de la Generalitat Valenciana sobre el hospital de La Ribera en Alzira. Los resultados nos muestran un indudable caso de éxito, sin que la naturaleza ni la adscripción del auditor permita sospechas de conflicto de intereses ni de contaminación de las conclusiones. Es un caso concreto del que no cabe inducir de forma general la mayor eficiencia de la gestión privada que la pública de la sanidad pública, pero, evidentemente menos aún lo contrario.

En cualquier caso, tanto en la auditoría del hospital de la Ribera como en otros análisis comparados de hospitales del sistema público de salud con modelos de gestión diversos, el énfasis para la mejora de la gobernanza se pone, en el caso de la gestión pública en una regulación más incentivadora de la eficiencia y de la satisfacción de los pacientes, y en el caso de la gestión privada en contratos y modelos de supervisión más y mejor desarrollados.

Por alusiones previas y porque causó y sigue causando una considerable controversia, es obligada la referencia al llamado Modelo Alzira, un experimento que tiene lugar en España en 1999, en las postrimerías del siglo XX. Se trató de un caso de externalización radical por la Generalitat de la Comunidad Valenciana consistente en conceder a una empresa privada la asistencia sanitaria de la población de una de las zonas en que la Comunidad divide su territorio, a los efectos de atención sanitaria. Era la primera vez que se optaba en España por la gestión indirecta por un concesionario del servicio público sanitario global en un territorio.

La experiencia del Hospital de Alzira está a punto de finalizar, pues en 2018 se producirá la reversión de la concesión, habiendo manifestado el gobierno de la Comunidad Valenciana que no está dispuesto a prorrogar dicha concesión por motivos ajenos a su mérito y validez, prescindiendo del interés general, del de los trabajadores (y sus derechos) y del de los pacientes.

El Modelo Alzira, la primera experiencia concesional que ha tenido lugar en España, y de las primeras que se han producido en Europa, debiera analizarse sin prejuicios ideológicos no amparados por nuestra Constitución.

La gestión ha demostrado ser tan o más eficaz y eficiente que la gestión de los demás hospitales públicos gestionados directamente por la Administración de la Generalitat Valenciana y deberían obtenerse enseñanzas que podrían incorporarse a la gestión de los demás hospitales públicos, antes que «enterrar» la experiencia y olvidar lo que hay que mejorar. Se trata de igualar por arriba y no por abajo. Los buenos resultados de Alzira solo se generalizarán si se importan sus procedimientos. Claro está, sería necesario analizar además de las técnicas organizativas que puedan estar innovando, propias o importadas, otros factores de enorme importancia, las inversiones en investigación, los intercambios hospitalarios, el estatuto y costes de personal sanitario, etc. Y desde luego optimizar la forma de contratación y la supervisión de la misma.

El análisis de la legislación estatal y autonómica en materia sanitaria pone de relevancia que no se ha creado un ordenamiento jurídico propiamente supervisor, que está resultando del todo necesario. La Ley General de Sanidad ha sido modificada en sucesivas ocasiones, pero aun así no contempla otros instrumentos interventores que las autorizaciones administrativas, las inspecciones y un sistema sancionador. Es decir está anclado en una concepción ya superada de separación del Estado y la sociedad que en el ámbito sanitario ni es posible ni es conveniente.

Las Administraciones públicas sanitarias lejos de cualquier dogmatismo deben ser extraordinariamente pragmáticas para conseguir el objetivo constitucional de la protección de la salud de los españoles sin volver a los viejos modelos intervencionistas que establecían líneas rojas entre lo público y lo privado, conducidas por dogmatismos que marginan los intereses de los ciudadanos a los que, antes y ahora, lo que les importa es que las Administraciones públicas les garanticen una atención sanitaria óptima, sufragada por los presupuestos públicos, sin que les preocupe lo más mínimo las técnicas jurídico-administrativas que para ello se utilicen.

Ramiro Aurín

A MODO DE INTRODUCCIÓN

Enrique Linde Paniagua
Catedrático de Derecho Administrativo

La privatización masiva de empresas y servicios públicos que se llevó a cabo en Europa (muy especialmente en el Reino Unido) en los años 80 y 90 del pasado siglo, como consecuencia de la que pudiéramos denominar ola neoliberal, impulsada por R. Reagan y M. Thatcher[1], unida a la expansión de la desregulación de servicios públicos y privados, puede considerarse como una de las causas de la grave crisis económico financiera que se inicia en EE.UU. en 2007 y que irrumpe en Europa a partir de 2008 hasta nuestros días. En España la que se ha conocido como era de privatizaciones y liberalizaciones es algo más tardía, la inició el último gobierno de F. González y se extendió durante todo el mandato de José María Aznar[2].

En estos últimos años hemos podido constatar de nuevo que el «mercado» no es tan sabio como pretenden los neoliberales, ni tiene

1 Un estudio interesante sobre este tema puede verse en F. Comin y D. Díaz Fuentes, La empresa pública en Europa, Madrid, 2004. También puede verse el número 7 monográfico de la Revista de Derecho de la Unión Europea, del segundo semestre de 2004, titulado Servicios Públicos, privatizaciones y liberalizaciones en la Unión Europea, editado por la UNED-Colex.

2 Un relato de esa etapa puede verse en G. Ariño, Privatizaciones y liberalizaciones en España: Balance y resultados (1996-2003), Granada, 2004 y VV.AA. Teoría y política de privatizaciones: su contribución a la modernización de la economía. Análisis del caso español, Fundación SEPI, Madrid, 2004.

porque serlo, pues de ser así podríamos suprimir gobiernos y administraciones públicas para lograr el bienestar de los ciudadanos; así como para la protección y garantía de sus derechos y libertades. Ni debe demonizarse lo público ni tampoco el mercado, ambos son imprescindibles en el sistema político-jurídico-económico que nos hemos dado los españoles y los europeos en que administraciones públicas y el mercado deben servir a un mismo objetivo: satisfacer las necesidades de los ciudadanos. Y hacerlo de acuerdo con el conjunto de valores, principios, derechos y libertades reconocidos por la Constitución Española de 1978, por los Tratados de la Unión Europea, por la Carta de los Derechos Fundamentales de la Unión Europea, así como por los tratados internacionales suscritos por España.

La Constitución Española en el artículo 43, situado en el Título I «De los derechos y deberes fundamentales», capítulo III «De los principios rectores de la política social y económica», contiene el reconocimiento de derechos, así como de mandatos a los poderes públicos en materia sanitaria. Por lo que se refiere a los derechos reconoce «el derecho a la protección de la salud», en la línea de las constituciones occidentales más avanzadas, y encomienda a la ley que establezca los derechos y deberes de todos los implicados en el sector sanitario. Además, el citado artículo contiene mandatos muy claros para los poderes públicos: en primer lugar les ordena «organizar y tutelar la salud pública» indicando que, al efecto, deben establecerse «medidas preventivas», «prestaciones» y «servicios sanitarios». Y por último ordena a los poderes públicos que fomenten la educación sanitaria. Por su parte, el artículo 149.1.16ª del texto constitucional encomienda al Estado las «bases y coordinación general de la sanidad». Este conjunto de normas ha permitido dictar una legislación sanitaria profusa, crear un sistema sanitario público, así como que el Estado transfiera la gestión de la sanidad pública a las Comunidades Autónomas.

La legislación del Estado en materia sanitaria se integra por 86 normas principales (leyes orgánicas, leyes, decretos leyes y reales decretos) entre las que destacan, a los efectos que ahora nos ocupan, la Ley 14/1986, de 25 de abril, General de Sanidad y la Ley 33/2011, de 4 de octubre, General de Salud Pública, normas éstas que se han modificado con frecuencia adaptándose a los nuevos retos de la sanidad pública. Por su parte, las Comunidades Autónomas, a las que corresponde la gestión de la sanidad en el marco de las bases estatales, han dictado numerosas leyes y normas reglamentarias en la materia. Y aunque puede afirmarse que se trata de un conjunto normativo excelente, no es suficiente para afrontar algunos retos que ponen en peligro la sanidad de los españoles.

Así como la igualdad formal de los españoles se consagra en el artículo 14 de la Constitución, la igualdad material es una aspiración que tiene como instrumento principal la cláusula de transformación[3] del artículo 9.2 del texto constitucional que establece que «corresponde a los poderes públicos promover las condiciones para que la libertad y la igualdad del individuo y de los grupos en que se integra sean reales y efectivos». Y debe observarse que el constituyente español lejos de cualquier dogmatismo mandata a los poderes públicos para que consigan el objetivo de la igualdad sin otro condicionamiento que no sea el de alcanzarla; se trata de un mandato finalista que permite a los poderes públicos la utilización de cualesquiera medios que resulten oportunos, públicos y privados[4]. El legislador español ordinario optó desde el primer momento por la creación de un robusto Sistema Nacional de Salud en la tradición europea de los servicios públicos sanitarios. La elección fue acertada y exitosa. Y desde el primer momento se dejó abierta la posibilidad de que junto al sector público sanitario existiera un sector privado sanitario. Además, la legislación deja abierta la posibilidad de que el sector público utilice todos los mecanismos de colaboración con el sector privado a través de las técnicas que suministra, fundamentalmente, la legislación sobre contratos del sector público.

La protección de la salud por los poderes públicos se inscribe en la realización del objetivo de la igualdad material de los ciudadanos. Una sociedad en que los ciudadanos tengan asegurada la protección de la salud (y la educación) en condiciones iguales sin discriminación por cualquiera condición personal, social, religiosa o de otra índole está consolidando unos cimientos muy sólidos para su desarrollo justo y armónico.

El sector sanitario español, en su conjunto, es uno de los más eficientes del mundo occidental. La mayoría de los estudios que se han realizado comparando sistemas sanitarios llegan a la conclusión de que el sistema público de salud español se encuentra entre los más eficientes,

---

3 Sobre la cláusula de transformación puede verse mi trabajo Las transformaciones del Derecho público de nuestro tiempo, 2ª edc. Madrid, 2016.

4 Para una comprensión de las reglas constitucionales en lo relativo a la economía puede verse mi trabajo Introducción al sistema económico en la Constitución Española, Valencia, 1987.

si se tiene en cuenta el coste per cápita y los resultados que se obtienen, y el sector privado de la sanidad que se ha nutrido de los sanitarios del sector público es también considerado de los más eficientes.

Pero es probable que las conclusiones que se obtienen por los analistas en relación con el sector público sanitario estén algo desfasadas, pues no debe olvidarse que la crisis económico financiera afectó de manera directa al gasto público en sanidad. Así en el año 2011 se alcanzó la cifra de 73.238 millones de euros, tras un crecimiento constante en años anteriores, mientras que en 2015, tras una ligera recuperación, se situaba en 65.565 millones. Esta contracción del gasto tuvo consecuencias considerables, así se han incrementado las listas de espera, ha disminuido la inversión en nuevos hospitales, o en la rehabilitación de los mismos, el personal sanitario ha disminuido y un largo etcétera de deficiencias que explican que en el mismo período haya crecido el sector privado de la sanidad hasta niveles por encima de la media de la Unión Europea, desde cifras muy inferiores antes del comienzo de la crisis económico-financiera. Las deficiencias del sector público sanitario han exigido un incremento de la externalización de numerosas prestaciones sanitarias, así como a acudir a los sistemas de colaboración con el sector privado que permite nuestra legislación, en particular a la técnica del consorcio.

No obstante hay que decir que en España la fortaleza de la sanidad pública ha contenido los precios de la sanidad privada como resultado de numerosas técnicas, entre ellas la derivada de que las Administraciones públicas, en particular la General del Estado a través de la MUFACE, han permitido que los empleados públicos puedan elegir entre el servicio público sanitario y la sanidad privada. Y esta circunstancia ha servido de reguladora de los precios de la sanidad privada. Bien es cierto que una de las críticas iniciales al sector sanitario privado fue que en un país como el nuestro en que la sanidad pública es prácticamente universal (con las excepciones bien conocidas), la sanidad privada se centraría exclusivamente en la llamada atención ambulatoria que tienen costes muy inferiores a la atención quirúrgica y hospitalaria que exige un nivel de especialización muy considerable y, además, un coste extraordinario. Y esta apreciación ha sido constatable, con carácter general, hasta finales del pasado siglo, aunque en la actualidad no puede seguir sosteniéndose.

En la actualidad si no existiera un fuerte sector privado sanitario, el sistema sanitario entraría en una situación de colapso. No obstante, el sector público debe seguir siendo el regulador y contenedor del crecimiento del sector privado para que no nos dirijamos hacia el modelo norteamericano en que el sector público es marginal (pese a las reformas llevadas a cabo por los presidentes Johnson y Obama) y el sector privado, con una eficiencia inferior a la española, supone un gasto per cápita que triplica el gasto per cápita español, dejando desprotegidos a millones de norteamericanos.

El sector público sanitario español se encuentra frente a grandes problemas. El de su financiación es uno de ellos. A corto plazo no parece posible su sostenimiento sin la aportación económica de sus beneficiarios, el incremento de la presión fiscal, o el más que dudoso incremento de las aportaciones públicas como consecuencia de un crecimiento espectacular de los ingresos públicos, o la combinación de todos los anteriores factores. Porque lo que parece evidente es que debe descartarse la solución de seguir incrementando la deuda pública como se ha hecho hasta nuestros días para sufragar el gasto sanitario. Esta solución ni sería aceptada por la Unión Europea ni conviene al interés general. Pero los partidos políticos españoles no parecen dispuestos a abordar los problemas de la sanidad pública por las repercusiones electorales que tendría presentar a los españoles, con claridad, los problemas que tenemos en el sector que analizamos y sus soluciones a medio y largo plazo.

A finales del siglo XX, en 1997, tiene lugar en España un experimento que causó y sigue causando una considerable controversia, me refiero al llamado Modelo Alzira. Se trató de un caso de externalización radical por la Generalitat de la Comunidad Valenciana consistente en conceder a una empresa privada la asistencia sanitaria de la población de una de las zonas en que la Comunidad Valenciana divide su territorio, a los efectos de la atención sanitaria. Era la primera vez que se optaba en España por la gestión indirecta por un concesionario del servicio público sanitario. La irrupción del modelo Alzira fue muy contestado, entre otras razones, porque se consideró como una manifestación más de las privatizaciones del sector público que llevaron a cabo los gobiernos del Partido Popular en el período 1996-2004.

La experiencia del hospital de Alzira está a punto de finalizar, pues en 2018 se producirá la reversión de la concesión, habiendo manifestado el Gobierno de la Comunidad Valenciana que no está dispuesto a prorrogar dicha concesión. No es este lugar de entrar a analizar la polémica entre Generalitat y concesionario sino la de examinar, desde la perspectiva actual, es decir, desde los resultados de dicha concesión si el Modelo Alzira como modelo de gestión hospitalaria y más concretamente de colaboración público-privada puede ser útil al sistema público de salud.

Más atrás dejamos constancia de que el constituyente español, con gran sabiduría, proclamó el derecho a la protección de la salud y ordenó a los poderes públicos la organización y tutela de la salud pública, sea esta gestionada por empresas u organismos públicos o privados. Lo que está institucionalizado por la Constitución es el fin de la intervención pública; que es proteger la salud de los españoles sean cuales sean los medios que se utilicen por los poderes públicos.

El Modelo Alzira, la primera experiencia concesional que ha tenido lugar en España, y de las primeras que se han producido en Europa, debiera analizarse sin prejuicios ideológicos no amparados por nuestra Constitución. A mi juicio lo relevante del modelo no es que suponga un menor coste por habitante que el coste medio de los demás hospitales públicos valencianos. Lo que debe tenerse en cuenta de manera principal es si dicho modelo de gestión hospitalaria es más eficaz y eficiente en lo que concierne a la salud de la población a la que asiste. Si la gestión es tan o más eficaz y eficiente que la gestión de los demás hospitales públicos gestionados directamente por la Administración de la Generalitat Valenciana se podrían obtener enseñanzas que podrían incorporarse a la gestión de los demás hospitales. Claro está, sería necesario analizar además de las técnicas organizativas que puedan estar innovando, propias o importadas, otros factores de enorme importancia, las inversiones en investigación, los intercambios hospitalarios, el estatuto y costes de personal sanitario, etc.

El modelo concesional puede considerarse un instrumento para mejorar la gestión pública de la sanidad, que permite el control del beneficio empresarial sin menoscabo del objetivo principal de proteger la salud de las personas de modo eficiente, de manera que la salud de las personas no se convierta en un negocio.

El éxito de nuestras sociedades avanzadas va a depender de la investigación, de la constante actualización de conocimientos, de la adopción de nuevas técnicas organizativas, de incorporación de las nuevas tecnologías y de la ruptura de las fronteras entre lo público y lo privado. En el ámbito de la salud va a ser necesario abordar todos esos frentes.

Debiera incrementarse la inversión en investigación mediante la colaboración público-privada, tanto médica como farmacéutica, imprescindibles para mejorar la salud, para abaratar los costes sanitarios y farmacéuticos y para situar a nuestro país entre los pioneros en la materia. Los poderes públicos deben impulsar a nivel interno y en el seno de la Unión Europea la creación de institutos de investigación en materia sanitaria en que se aborden también los temas organizativos.

El sistema público sanitario español se caracteriza por la calidad contrastada del personal sanitario, al que se exige para ingresar en el sistema un nivel de preparación muy estimable. Afortunadamente las profesiones sanitarias se regulan por directivas europeas, de manera que no se ha producido el deterioro que ha tenido lugar en la inmensa mayoría de los demás estudios universitarios regidos por el Proceso de Bolonia[5]. No obstante, resulta conveniente, como en cualquiera otro sector profesional afectado muy directamente por los nuevos descubrimientos, las nuevas técnicas y las nuevas tecnologías para favorecer la actualización permanente de los conocimientos de los profesionales sanitarios, lo que exige inversiones en formación considerables. Ya no es suficiente una formación y selección rigurosa para poder incorporarse al sistema público sanitario, es necesario que las Administraciones Públicas inviertan de manera permanente en la mejora de los conocimientos y prácticas sanitarias. Y tampoco pueden las Administraciones Públicas ser indiferentes a la formación de los sanitarios que ejercen su profesión en el sector privado. Deben las Administraciones Públicas exigir que las empresas sanitarias inviertan en la formación y reciclaje de sus empleados sanitarios. Además,

5 Un análisis de este asunto puede verse en mi trabajo, *El Proceso de Bolonia: un sueño convertido en pesadilla*, Ed. Marcial Pons, Madrid, 2010.

debiera incrementarse el intercambio de profesionales sanitarios en el seno de la Unión Europea y con los sanitarios de los estados más avanzados, en particular con los EE.UU.

Las técnicas de coordinación entre las Administraciones sanitarias es también imprescindible en nuestros días. No es necesario recordar aquí los fallos de coordinación que en la actualidad siguen existiendo debidos a un diseño deficiente de las relaciones de la Administración Sanitaria del Estado y la de las Comunidades Autónomas, que exige una revisión profunda. En particular resulta imprescindible que los españoles sea cual sea el lugar en que se encuentren empadronados reciban la atención médica que requieran, con independencia de las compensaciones que por dichas prestaciones se establezcan entre Comunidades Autónomas.

Si la nuestra debe ser una época de innovaciones organizativas no deben despreciarse las variadas formulas colaborativas que permite nuestro ordenamiento jurídico, entre ellas las concesionales, que requieren perfeccionar e incrementar las técnicas de supervisión por las Administraciones sanitarias tanto del sector público como del sector privado, porque no debe olvidarse que el responsable último de la salud de los ciudadanos es la Administración Pública.

La globalización de la economía ha permitido que compañías sanitarias extranjeras procedentes de grandes potencias sanitarias presten sus servicios en España, compañías que pueden aportar a la sanidad española experiencias y técnicas avanzadas. Y sería muy positivo que las empresas sanitarias españolas compitieran también en el exterior. El aislamiento de la sanidad pública sería un error que puede evitarse mediante una concepción integral del sistema sanitario (público y privado), del que la Administración Sanitaria del Estado y la de las Comunidades Autónomas son co-responsables.

La sanidad pública tanto como la sanidad privada constituyen sectores que necesitan la supervisión de las Administraciones Públicas pues no en balde, como antes he mencionado, son servicios fundamentales para realizar el derecho a la protección de la salud; un derecho que sirve a la realización del principio de igualdad material de las personas. Si la supervisión del sector financiero está motivado en la protección de la «salud económica» de personas y sociedades, la supervisión del sector sanitario es de mayor trascendencia pues tiene que velar por la salud por excelencia de las personas, mediante intervenciones preventivas, ambulatorias y hospitalarias que asistan y rehabiliten a los enfermos. Así como en otros sectores la desregulación causó grandes problemas y obligó a volver a regular con mayor intensidad, así como a supervisar el ejercicio de actividades privadas, en el caso de la sanidad, en el caso español, no se produce desregulación intensiva. Sin embargo, el análisis de la legislación estatal y autonómica en materia sanitaria pone de relevancia que no se ha creado un ordenamiento jurídico propiamente supervisor, que está resultando del todo necesario. La Ley 14/1986, de 25 de abril, General de Sanidad ha sido modificada en sucesivas ocasiones, pero aun así no contempla otros instrumentos interventores que las autorizaciones administrativas, las inspecciones y un sistema sancionador. Es decir está anclado en una concepción ya superada de separación del Estado y la sociedad que en el ámbito sanitario ni es posible ni es conveniente.

Las Administraciones Públicas sanitarias lejos de cualquier dogmatismo deben ser extraordinariamente pragmáticas para conseguir el objetivo constitucional de la protección de la salud de los españoles sin volver a los viejos modelos intervencionistas que establecían líneas rojas entre lo público y lo privado, conducidas por dogmatismos que marginan los intereses de los ciudadanos[6] a los que, antes y ahora, lo que les importa es que las Administraciones Públicas les garanticen una atención sanitaria óptima, sufragada por los presupuestos públicos, sin que les preocupe lo más mínimo las técnicas jurídico-administrativas que para ello se utilicen.

---

6 El desarrollo de esta idea puede verse en el trabajo del que soy autor junto con Felipe Guardiola «De las nacionalizaciones a la supervisión de la participación público-privada» , en el diario *Levante. El mercantil valenciano*, de pág. 3.

I. LA SANIDAD PÚBLICA Y LA CPP

Ramón Tamames
Economista

1. LOS ORÍGENES DE LA SANIDAD PÚBLICA

Hoy, todo lo relativo a la Seguridad Social y la sanidad pública, se ve como si siempre hubiera existido. Pero histórica y lógicamente, tuvo sus orígenes, por mucho que destaquen solemnizadas algunas proclamaciones al respecto:

— El artículo 22 de la Declaración Universal de Derechos Humanos, adoptada por la 183 Asamblea General de la Organización de Naciones Unidas, el 10 de diciembre de 1948, estableciendo que «toda persona como miembro de la sociedad, tiene derecho a la seguridad social».

— La Constitución Española de 1978, en su artículo 41, donde se afirma que «los poderes públicos mantendrán un régimen público de Seguridad Social para todos los ciudadanos». Y en su artículo 43, en el que además de reconocer el derecho a la protección de la salud de los ciudadanos, se establece que la competencia de organizar y tutelar la salud pública es de los poderes públicos.

Como iremos viendo, la configuración de los modelos de la sanidad púbica fue bastante compleja, con un inicial desarrollo antes de la Primera Guerra Mundial (1914/1918), que estuvo basado en determinadas decisiones en los países más avanzados, y en convenios internacionales; entre ellos los anteriores a la Organización Internacional del Trabajo[7].

En el sentido apuntado, las primeras legislaciones sobre seguro de enfermedad se aprobaron señaladamente en el caso del Imperio Alemán, por expresa determinación del Canciller Bismark (1883), que quería preservar el recién formado II Reich (1871), con la concesión de un gran sistema de seguridad social a la clase obrera (1883). Y a Alemania siguieron Austria (1888), Hungría (1891), Suecia (1891), Dinamarca (1892) y Bélgica (1894).

Claro es que no hubo un desarrollo homogéneo en todos los países. Así, en la implantación de la Seguridad Social hasta 1914, se distinguieron cuatro sistemas diferentes. El primero, podríamos decir, el de Francia y Bélgica, siguiendo la ideología liberal de entonces, que consistió en establecer Fondos de Enfermedad voluntarios, sin supervisión gubernamental aunque con ciertos privilegios oficiales, de tipo fiscal, etc.

En segundo lugar, el seguro de enfermedad de los Países Escandinavos se configuró como programas también voluntarios, pero con subsidios oficiales que cubrían alrededor de un tercio de sus presupuestos, y con una importante cobertura rural.

Un tercer modelo se correspondió precisamente con el seguro obligatorio de enfermedad alemán, que en 1890 ya abarcaba a más de la mitad de los trabajadores, y que fue objeto de admiración por su calidad y rigor.

Finalmente se estableció un cuarto modelo, el caso de Gran Bretaña, que supuso la transición del sistema voluntario al obligatorio, con la *National Insurance Act*, aprobada en 1911.

A diferencia de esos cuatro modelos europeos, en EE.UU se originó un dispositivo de Fondos de Enfermedad, sobre la idea (pre-

---

7 Para la evolución de los seguros sociales en España hasta la guerra civil pueden consultarse los trabajos de Cuesta (1988), Montero y Martínez (1988) y Samaniego (1988) publicados por el Ministerio de Trabajo y Seguridad Social. A partir del franquismo los artículos de Rodríguez Ocaña (1990) y García Padilla (1990).

valeciente incluso hasta el *Obama Care* de 2015) de que no era tan importante la obligatoriedad.

Los inicios de la previsión en España

El sistema sanitario español, hoy en día, es el fruto del esfuerzo de varias generaciones, estando su verdadero origen en 1906, con la creación del Instituto Nacional de Previsión (INP). Si bien antes de que éste adquiriese forma definitiva, hubo todo un período de preparación y estudio, al que hace falta referirse.

Más concretamente, en 1883, gobernando Cánovas del Castillo, se creó la *Comisión de Reformas Sociales*, para el estudio de las cuestiones relativas a la mejora o bienestar de las clases obreras, dentro de las relaciones entre el Capital y el Trabajo. Por entonces, ya funcionaban diversidad de sindicatos, y concretamente la UGT (creada en 1879 por Pablo Iglesias), que ya reivindicaban sistemas de protección de la salud pública.

La citada Comisión encargó a su Vocal, el Sr. Maluquer y Salvador, una ponencia acerca de la creación de una *Caja Nacional de Seguro Popular*, ponencia que en 1903 fue sometida al Instituto de Reformas Sociales, que había sucedido a la referida Comisión.

Poco después, en 1904, el Ministerio de la Gobernación encargó al referido Instituto de Reformas Sociales un proyecto de Ley sobre la materia sanitaria, y el Instituto, con el fin de que su propuesta estuviera asistida por experiencias e instituciones arraigadas ya en España, promovió una *Conferencia de Previsión Popular*, que se reunió en Madrid, en octubre de ese año.

Partiendo de las conclusiones de esa Conferencia, y de sus antecedentes, el Instituto de Reformas Sociales presentó al Gobierno el proyecto de creación del *Instituto Nacional de Previsión* (INP). Proyecto cuya redacción fue encomendada a una Ponencia compuesta por los señores Azcaráte, Dato, Salillas, Maluquer y Gómez Latorre.

El proyecto resultante fue presentado al Congreso de los Diputados, previo conocimiento del Rey Alfonso XIII, el 1 de noviembre de 1906. Sin embargo, las vicisitudes políticas de la época, de gobiernos de muy corta duración, en medio de toda la crisis de la guerra en

Marruecos, no permitirían que se aprobara la Ley de Creación del Instituto hasta el 27 de febrero de 1908.

Con la creación del INP en 1908, se establecieron las bases del régimen legal español de *Retiros Obreros*, con un sistema voluntario subsidiado que libremente pudieran contratar los obreros por medio de sus organizaciones. De modo que con el sistema de la libertad subsidiada, iniciado y practicado por el INP en el decenio 1909-1919, se preparó el ambiente legal para la implantación del Seguro Obligatorio del Retiro Obrero, mediante el Real Decreto-Ley de 11 de marzo de 1919: primera instrucción española de ámbito nacional para las jubilaciones, con carácter limitado, pero que fue un antecedente para una serie de intereses de aseguramiento, en campos como el de la maternidad y sanidad en general, según veremos.

En la misma época de los gobiernos de Antonio Maura (adalid de «La revolución desde arriba» en los *gobiernos nacionales* creada en una etapa crítica), España envió una representación a la Primera Conferencia Internacional del Trabajo celebrada en Washington D.C. En la que se aprobó un proyecto de Convenio sobre el seguro de maternidad, que afectaba a las trabajadoras de los sectores industrial y comercial. Pero lo cierto es que hasta 1922, con la Ley de 23 de julio, no se autorizó al gobierno para que ratificara el convenio derivado del Congreso de Washington DC, creándose entonces la *Caja de Seguro de Maternidad*, para atender la indemnización a las obreras en ese trance.

En un ambiente social muy turbulento en España, en esos primeros *años veinte*, 1922 y 1923, se barajó la posibilidad de implantar un completo seguro de enfermedad, con la inclusión del de maternidad, yendo, pues, más allá de lo que era una caja asistencial. Sin embargo, pocos meses antes de llegar la Dictadura de Primo de Rivera, se consideró inviable ese propósito, debido al elevado coste y la inexistencia de la infraestructura hospitalaria necesaria.

Más en concreto, los actuarios de seguros calcularon que el seguro de maternidad costaría el 0,45 por 100 del volumen total estimado de salarios, y el de enfermedad ascendería al 2,82 por 100, es decir seis veces el primero. Esta carga, se declaró, oficiosamente, no podía asumirse por la Hacienda Pública ni era previsible que los trabajadores consintieran en que los nuevos sistemas fueran a estar financiados con cargos sobre los salarios.

Así las cosas, entre 1922 y 1923 no se aprobó ni un verdadero seguro de maternidad, ni el general de enfermedad. El gobierno se limitó a crear, mediante el Real Decreto de 23 de agosto de 1923, un subsidio de maternidad, para cumplir algunas de las disposiciones del Convenio de Washington. Subsidio que empezó a regir el 15 de octubre de 1923 —ya con Primo de Rivera como Dictador—, con la configuración de una Caja del Seguro de Maternidad que inicialmente dispuso de una dotación anual de 100.000 pesetas: se concedía un subsidio de 50 pesetas para costear la asistencia del alumbramiento[8].

A pesar de lo limitado del caso, aquel fue un avance social notable, seguido que fue del establecimiento del Seguro Obligatorio de Maternidad (Real Decreto-Ley de 22 de noviembre de 1929). Con prestaciones de la asistencia facultativa, como resultado de la colaboración del PSOE (con Largo Caballero, Secretario General de UGT, a la cabeza) con el Dictador. El INP estableció los primeros convenios con las organizaciones profesionales de médicos, farmacéuticos y matronas.

Otros logros significativos en la misma senda fueron la aplicación a todos los trabajadores de la agricultura, mediante el Decreto de 12.VI.1931, de la Ley de Accidentes de Trabajo de 1900 (una decisión del Ministerio de Trabajo en el Gobierno Provisional de la República, siendo Ministro de Trabajo el ya citado Largo Caballero). Aquella fue una norma importante del sistema de protección social español, y la aprobación de la Ley de Accidentes de Trabajo en la Industria, se mejoró notablemente con la Ley de 4 de julio de 1932, ya en tiempos de la Segunda República Española, continuando como Ministro de Trabajo Largo Caballero.

Cabe confirmar lo ya dicho: los seguros de salud en España se introdujeron de forma tardía respecto a otros países europeos. Y de hecho no fue hasta la primera fase del franquismo cuando se aprobó el primer seguro de enfermedad general y obligatorio (1942).

Para la explicación de ese retraso, hay una serie de factores: en primer lugar, la oposición de grupos de presión como colegios de médicos, compañías de seguros, y las propias mutualidades; en el contexto de un país de pobreza generalizada, con una estructura de clases proletariado/burguesía muy acentuada, y con gobiernos que sólo con algo de regeneracionismo a lo Joaquín Costa, comenzaban a prestar cierta atención al *problema social.*

---

8 Jerònia Pons Pons, Universidad de Sevilla, «Los inicios del seguro social en España, 1923-1949. Del Seguro de Maternidad al Seguro Obligatorio», XVI Encuentro de Economía Pública, 5 y 6 de febrero de 2009, Palacio de Congresos de Granada, 2009.

Segundo: en relación con lo anterior, prevalecía un sistema fiscal insuficiente, limitativo para que el Estado asumiera la idea de construir la infraestructura sanitaria necesaria: dispensarios y hospitales, para poner en marcha un complejo sistema de atención a la salud pública.

Tercero. Había grandes desacuerdos entre los propios trabajadores en cuanto a un sistema de cotización que gravara sus salarios. Sobre todo, por el sindicato de la CNT, que no tenía una verdadera política de previsión social, ya que, ante todo, aspiraba a la destrucción del Estado mismo, en su vocación anarco-sindicalista.

En las zonas industrializadas como Cataluña, ya se había creado un sistema de cobertura sanitaria, en gran parte financiado por los propios patronos, que era mucho más favorable que el escueto régimen hasta entonces aprobado a escala de todo el Estado. Eso hacía que la región más desarrollada de España no incidiera mucho en la reivindicación de una política de seguridad social y sanidad pública por parte del Estado.

Por último, destaquemos que, no obstante la Gran Depresión (1929/1939) y el programa de reformas sociales que en EE.UU había promovido el *New Deal* de Roosevelt, todo eso no tuvo mayor incidencia en la Segunda República; que en 1933 publicó la vergonzante Ley de Vagos y Maleantes, en vez de ir a un seguro de desempleo. Y si en el programa del Frente Popular, que venció en las elecciones generales de febrero de 1936, se proyectaron grandes reformas, todo se vio truncado por el estallido de la guerra civil el 18 de julio de 1936.

El nacimiento del Seguro Obligatorio de Enfermedad (SOE)

La guerra frenó la instauración de un régimen global de previsión. Y sólo fue en 1942 cuando, en los inicios de la era de Franco, se implantó el Seguro Obligatorio de Enfermedad (SOE). Mediante la Ley de 14 de diciembre de 1942, de carácter obligatorio, y que iba dirigido a proteger a los trabajadores económicamente más débiles, cuyas rentas de trabajo no excedían de ciertos límites.

¿Hubo cambios esenciales en el franquismo que explicaran la aprobación de la Ley de 1942 y su aplicación a partir de 1944? En principio, está claro que la oposición de los trabajadores desapareció, con la eliminación de los sindicatos de clase y con la represión de cualquier reivindicación laboral desde 1939 en todo el país. Una forma de eliminación del conflicto obrero, con el apoyo de la patronal y también de parte de las organizaciones médicas.

Pero, además de esos factores, prevaleció la realidad de una *protección heteronómica* por parte del régimen de Franco, que quiso ganarse a la clase obrera con un sistema de salud pública que la República no había sido capaz de establecer. Y además influyó la Reforma en el Reino Unido, dirigida por Beveridge[9].

En ese sentido, inicialmente, los recursos del SOE estaban constituidos: subvenciones; donativos; legados; rentas de los trabajadores y cuotas de los empresarios, a partes iguales, siendo responsable de su pago el empresario, que había de descontar a cada trabajador la parte que le correspondía, al abonar los salarios.

Por otra parte, y como se explica en la *Estructura Económica de España*[10] de Ramón Tamamés y Antonio Rueda Guglieri, para financiar las infraestructuras del SOE, funcionó el ahorro forzoso inflacionario, con un régimen de salarios regulados, a la baja, por el Ministerio de Trabajo, y con unos precios que subían continuamente. Y con la monetización de la Deuda Pública por la banca privada y el Banco de España.

Sin embargo, continuaba, incluso agravándose, el problema de la escasa capacidad financiera del Estado. Por lo demás, la mayor parte de la gestión inicial se traspasó a las denominadas entidades colaboradoras, con lo que *solucionó* el problema burocrático y de infraestructuras. Y a su vez, se contentó a las mutualidades patronales, mutualidades de previsión, compañías de seguro y cajas de empresa, con una colaboración muy beneficiosa para todas ellas.

En cualquier caso, para aquellos tiempos , «los años del hambre», la Ley de 1942 (promovida por el Ministro de Trabajo, José Antonio Girón de Velasco), resultó ser de lo más progresista para un régimen autoritario y no democrático, con sus sindicatos verticales, que sin embargo instauró un sistema que perdura 75 años después (1942-2017). Claro es que con las reformas que veremos, de 1964, 1974, y luego, ya con la democracia, 1975 y 1997.

---

9 Según algunos comentarios que el autor escuchó al Prof. Velarde, el Ministro Girón envió una especie de *espía*, con residencia en la Embajada de España, a Londres, en 1942, para tratar de saber qué estaba preparando Beveridge.

10 25 edición, Alianza Editorial, Madrid, 2008.

El SOE quedó a cargo del INP, como aseguradora pública única, y entre sus prestaciones, estaba la asistencia sanitaria en caso de enfermedad y maternidad, indemnización económica por la pérdida de retribución derivada de las situaciones de dolencia y otras prestaciones. Y como señaló Amando de Miguel[11], esa Seguridad Social fue uno de los elementos positivos de la permanencia del franquismo; al lado de otros, negativos, como la represión, etc.

Posteriormente, con la Ley de Bases de la Seguridad Social de 28 de diciembre de 1963, se suprimieron los viejos esquemas de previsión de 1942, y se instrumentó el desarrollo del sistema general de la Seguridad Social, recogiéndose todas las reformas parciales que se venían sucediendo. Y años después, mediante el Decreto 2065/1974, de 30 de mayo, se publicó el *Texto Refundido* de la Ley General de la Seguridad Social, que modificó y amplió las prestaciones de asistencia sanitaria, ya en las postrimerías de la Era de Franco.

La democracia y el INSALUD

Con la llegada de la democracia[12] y la aprobación de la Constitución de 1978[13] se produjeron los cambios fundamentales en el ordenamiento político, reconociéndose en los artículos 41 y 43 de la Constitución —ya lo hemos dicho al principio de este capítulo— el derecho de todos los ciudadanos a la protección de la salud.

Asimismo, la nueva organización territorial del Estado de las autonomías, llevó a la descentralización de las competencias referentes de la Seguridad Social. Aparte de que poco antes de la Ley de Leyes, en 1977, se creó el Ministerio de Sanidad y Seguridad Social, por Decreto 1558/77 de 4 de julio.

En 1979, y como consecuencia de lo aprobado en los Pactos de La Moncloa[14], se publicó el Real Decreto Ley 36/1978 de 16 de noviembre, que suprimió el Instituto Nacional de Previsión, pasando la gestión

11 Informe FOESSA de 1972.

12 Para una explicación de todo el proceso de democratización puede verse Ramón Tamames, *¿Adónde vas España?*, 7ª edición, Editorial Planeta, Barcelona, 1976.

13 Laura y Ramón Tamames, *Introducción a la Constitución Española*, 9ª edición, Alianza Editorial, Madrid, 2003. Con prólogo de Adolfo Suárez.

14 Explicados por RT ante el Senado de la República Argentina en mayo de 2017.

y administración de los servicios sanitarios del Sistema de Seguridad Social al nuevo Instituto Nacional de la Salud (INSALUD), con la decisión de que en el futuro, la sanidad pública estaría a cargo de los Presupuestos Generales del Estado, un propósito que sólo pudo hacerse realidad en 1989. De ese modo, se dio un paso histórico desde el sistema contributivo, del sistema Bismark al método diferente de Beveridge. Con la financiación vía fiscalidad, como una obligación directa del Estado en pro de los ciudadanos.

En todo ese contexto, con el principio de descentralización territorial, se inició, en 1981, el traspaso de competencias en materia de asistencia sanitaria a las Comunidades Autónomas, proceso que se culminó en 2001.

Años después, cuando ya se había hecho la transferencia a las CC.AA., por la Ley General de Sanidad, de 14 de abril de 1986, se estableció el *Sistema Nacional de Salud* (SNS), como institución sanitaria del Estado. Al tiempo que el INSALUD, se convirtió en una entidad de menor dimensión y pasó a denominarse Instituto Nacional de Gestión Sanitaria (para sólo las Ciudades autónomas de Ceuta y Melilla).

A partir de 1989, se produjo un nuevo cambio, según el cual, la financiación del gasto sanitario público pasó a cargo del Estado, a través del sistema impositivo ordinario, algo que en principio, ya lo vimos, se había iniciado de hecho en los Pactos de La Moncloa. Y por otra parte, se configuró ampliamente la cobertura sanitaria a las personas sin previas aportaciones contributivas, que ya disfrutaban de pensiones desde 1970.

Posteriormente, de gran importancia para el tema central de este capítulo, llegó la Ley 30/1994 de 24 de noviembre, de Fundaciones, que posibilitó la participación privada en actividades de interés general de la sanidad. Esto es, abrió el abanico de las posibles formas jurídicas de prestación de servicios públicos y de organización sanitaria, pues en la referida ley se previó que las Administraciones Públicas podrían crear fundaciones de carácter jurídico privado, así como posibilitar «la participación privada en actividades de interés general». Algo que se estableció ya con toda decisión en el texto legal que pasamos a considerar.

La Ley 15/97, de concesiones sanitarias

La Ley 15/97 fue aprobada por el Congreso de Diputados —a excepción de IU y BNG—, y configuró definitivamente la posibilidad de que las Administraciones Públicas practicaran la concesión sanitaria para la colaboración privada (CPP), por las siguientes razones:

— El gasto público en sanidad seguía creciendo más y más, a un ritmo que se hacía insostenible a menos que se habilitaran nuevas vías de financiación y gestión.
— Ese aumento del gasto público sanitario, se debía al envejecimiento de la población, al aumentar la cronicidad de enfermedades, el desarrollo tecnológico de la actividad en los hospitales, etc. Desafíos globales, todos ellos, a los que había de enfrentarse el sistema sanitario.
— Tras un periodo de grave recesión de 1992 a 1996, hubo cada vez más número de Gobiernos en Europa, que fueron adoptando sistemas CPP como soluciones a los retos a los que se enfrentaba la Sanidad Pública para no generar los mayores problemas.
— Cuando mayor era el alcance de la CPP, mayor también debía ser el potencial de beneficio mutuo, según verificaciones muy extendidas.
— A través de la CPP los gobiernos encontrarían y pondrían en práctica mecanismos que les generasen mayores ahorros, a medio y largo plazo, así como un incremento en los indicadores de calidad.
— Las experiencias CPP en el mundo demuestran que a través del modelo CPP se facilitaba la equidad en el acceso de la población a los servicios sanitarios, ampliando la oferta de un servicio que sigue siendo estrictamente público.

Por lo demás, en España existía ya una larga experiencia CPP, con multitud de ejemplos en diferentes sectores. Siendo quizá los más representativos los de suministro de agua para consumo humano, o la construcción y explotación de autopistas de peaje.

En cuanto al sector sanitario existen diferentes niveles de desarrollo de la CPP, que ha permitido, entre otros aspectos, frenar costes, flexibilizar y dinamizar las prestaciones, o aligerar las listas de espera del sector público y que es utilizado en nuestro país en casi la totalidad de autonomías. Un caso claro de preferencia por esa gestión CPP, la tenemos en el «Modelo MUFACE» que da cobertura sanitaria a casi dos millones de funcionarios. Quienes tuvieron la posibilidad de elegir entre recibir asistencia en la sanidad pública, o de las compañías aseguradoras, y que en su mayoría optaron por lo segundo a través de un modelo de CPP.

En sanidad, también es común encontrar contratos para la construcción de hospitales por parte de empresas privadas, a cambio de su ulterior gestión durante largos periodos de tiempo. Es el caso conocido como modelo PFI (*Private Finance Iniciative*), que cuenta con una larga tradición en Reino Unido, y que en España se ha desarrollado en varias autonomías. Sobre todo, en la Comunidad de Madrid, donde gracias a la iniciativa privada se pudo desarrollar un ambicioso plan de infraestructuras sanitarias entre 2004-2012, al que nos referimos más adelante en otra parte del presente artículo.

La Ley 15/1997, de 25 de abril, no se entiende sin la posterior Ley 6/1997 de 14 de abril, de organización y funcionamiento de la Administración Civil del Estado (LOFAGE), que se promulgó con el fin de regular, en una sola ley, el régimen de los distintos organismos públicos.

En definitiva, con la Ley de 1977, puede afirmarse, con los Profesores Borrajo y Gómez de Hita, que «en las innovaciones planteadas con carácter general en la gestión de los servicios públicos, se optó ya, decididamente, por la figura del contrato, en detrimento del reglamento». Lo que se consideró como un manifiesto cambio de tendencia a la que se refirió el Prof. Juan Velarde con estas palabras: «Nos encontramos en el tercer viraje de la Seguridad Social en España».

Disposiciones complementarias de la Ley 15/97

Y efectivamente que fue un viraje, pues el rasgo más relevante de la Ley 15/1997 radicó en que se produjo una máxima liberalización de las formas organizativas y de gestión utilizables («cualesquiera entidades») lo que equivalió a la posibilidad de «organización a la carta».

En el propio texto se dice que la reforma se produjo «en el ámbito del Sistema Nacional de Salud», superando el campo de actuación que correspondía al Estado a través del Insalud. Y subsiguientemente, de hecho, la STSJ de la Comunidad Valenciana de 20 de diciembre de 2000, dispuso, sobre este particular, que «la Generalitat Valenciana, como el resto de las Comunidades, se integra en el Sistema Nacional de Salud, y puede adoptar las formas de gestión establecidas en dicha normativa [se refiere a la Ley 15/1997 y al RD 29/2000]».

Con la habilitación conferida por la Ley 15/1997 y con la creación de una forma específica de gestión sanitaria en el artículo 111 de la posterior Ley 50/1998, los órganos de gobierno, tanto del Estado como de las Comunidades Autónomas, tuvieron ya vía libre para configurar las nuevas formas de gestión sanitaria. Lo cual se confirmó con el Real Decreto 29/2000, de 14 de enero, sobre nuevas formas de gestión en el INSALUD.

En cuanto al Real Decreto 29/2000, de 14 de enero, sobre nuevas formas de gestión del Instituto Nacional de Salud, supuso la culminación de la reforma de los modos de gestión sanitaria en el ámbito estatal, por cuanto vino a concretar la habilitación establecida por la Ley 15/1997.

En definitiva, el RD 29/2000 desarrolló el régimen jurídico de cuatro formas de gestión: las fundaciones, los consorcios, las sociedades estatales, y las fundaciones públicas sanitarias. Con una serie de disposiciones comunes, en relación a la autonomía, a las garantías, a la gestión, al régimen económico-financiero, al personal, a los órganos de gobierno y participación, y a las garantías a los ciudadanos.

Filosofía de colaboración pública/privada (CPP)

Para completar la evolución legislativa que hemos visto, hay que abrir un paréntesis para constatar hoy en día, modernamente, que hay toda una filosofía que defiende con racionalidad la cooperación público/privada. Pues como dice Jordi Agustí Vergés, «las administraciones tienen la posibilidad de escoger que la gestión del servicio sea pública, mixta o privada... [de modo que] el sector privado se erige como una extensión y un complemento de la esfera pública, donde se haya elegido esta opción.

De hecho, en la economía moderna y equilibrada, no hay sector privado sin sector público y viceversa: ambos son eslabones de la misma cadena que sostienen *colaborativamente* la consecución de los objetivos de un país o nación»[15]. Se trata de una combinación público-privada *win-win*, en la que dos partes salen ganando, en vez de la periclitada idea del juego de suma cero[16].

En el sentido apuntado, y como dice Gonzalo Delacámara, hoy en día, plantear la necesidad de cooperación entre sector público y privado es algo más bien redundante, por ser más que obvio, salvo en las instancias populistas que quieren reestatalizarlo o remunicipalizarlo todo[17].

Al menos eso es lo normal: si uno se aproxima sin apriorismos está claro que las competencias son estatales (incluidas las autonómicas) o municipales y deben seguir siéndolo, porque son parte de la soberanía popular. Pero con una gestión en la que cabe elegir entre lo privado, lo público o su mixtura. Por ello mismo, hay que evitar ciertos prejuicios, como el expresado con la frase «la gestión privada es más eficiente»; o la contraria, de «los servicios siempre deben ser gestionados por el sector público…». En ese sentido, ha habido dirigentes políticos de izquierdas que de forma admirable entendieron su gestión en el sentido apuntado, como el caso de Renatto Zangheri, Alcalde de Bolonia durante la década de 1980, extensamente apreciado por su labor ciudadana de promoción de la cooperación público/privada[18]. Lo anterior nos sirve para reforzar la idea de que con una actitud libre y reflexiva, no cabe demonizar los argumentos de una u otra clase de gestión, para debatir lo sustantivo sólo pensando en lo mejor (eficacia y eficiencia) para la ciudadanía.

---

15 Jordi Agustí Vergés, «La colaboración público-privada: una estrategia win-win», *iAgua Magazine*, junio 2017, pág. 36.

16 Ramón Tamames, *La necesaria colaboración pública/privada en los servicios públicos*, Instituto de Estudios Económicos, Madrid, 2017.

17 Gonzalo Delacámara, «Duelo a garrotazos», *iAgua Magazine*, junio 2017, pág. 73.

18 Ramón Tamames, Valeriano Gómez, Jesús Sánchez Lambás, Ramiro Aurín, Lorenzo Dávila, *Remunicipalizacion. ¿Ciudades sin futuro?*, Profit Editorial, Barcelona, 2017.

Control de legalidad y calidad

A efectos de mayor transparencia en la prestación de los servicios públicos, algunas CC.AA., han creado órganos especiales de control. Como sucede con el Órgano Administrativo de Recursos Contractuales de Cataluña (OARCC), de indudable eficacia e imparcialidad. Pero eso no significa que necesariamente los gobiernos de la CC.AA., configuradora de tales órganos, acepten después sus decisiones o las de los tribunales. Siendo bien expresivo, también en Cataluña, el que la Generalitat no acepte la decisión judicial de anular la licitación de las aguas del Ter y del Llobregat en 2013[19].

Por otro lado, la Agencia Estatal de Evaluación de las Políticas Públicas y la Calidad de los Servicios (AEVAL)desarrolla en España una actividad institucional que persigue la mejora de la calidad, la eficacia y la eficiencia de la acción de gobierno y la rendición de cuentas a los ciudadanos, propia de toda sociedad democrática; en la que la evaluación constituye una herramienta esencial para conocer los resultados y los efectos de las intervenciones públicas que se hacen con el dinero del contribuyente.

Junto con AEVAL, los órganos responsables de calidad en las distintas administraciones públicas españolas están persuadidos de que es recomendable la consolidación de sistemas públicos de evaluación; aunque ciertamente, se está muy lejos de alcanzar las productividades potenciales.

En definitiva, la calidad del servicio público pesa cada vez más en el espacio administrativo. Y en las democracias occidentales, es la referencia básica para determinar la eficacia y eficiencia de los gobiernos. Con la consecuencia final de que en los trances electorales, se juzga si los poderes públicos que en ese momento están funcionando, pueden o no recibir el apoyo del sufragio a efectos de continuar; o si, por el contrario, deben ser cesados en busca de opciones electorales más convenientes.

En su importante trabajo sobre el gasto público y su productividad del Prof. Victorino Valle, se concluye que para el período 1970-1988, el coste estimado de los servicios públicos, como promedio en ese periodo, fue un 42,6 por 100 superior al que se habría generado

19 Ramón Tamames y Ramiro Aurín, con prólogo de Jesús Sánchez Lambás, *Gobernanza y gestión del agua: modelos público y privado*, Profit Editorial, 2015.

utilizando los mismos recursos en el sector de servicios privados. Y de ahí que el camino correcto para la mejora en la eficacia del sector público es, obviamente, avanzar en la racionalización del proceso presupuestario; utilizando con más profundidad el análisis coste-beneficio y otras técnicas de valoración de proyectos, en el marco de una presupuestación por programas.

Por lo demás, de la productividad en los servicios públicos también se ocupó el Prof. Barea. Más concretamente, en su trabajo «Eficiencia en la producción de servicios públicos»[20], recordaba, en 2003, que «la producción de los servicios públicos es una exigencia constitucional, y que ha de realizarse con asignación equitativa de los recursos públicos, y de modo que su programación y ejecución responda a los criterios de eficiencia y economía». Pero a partir de esa constatación, el Prof. Barea manifestó, irónicamente: «todos los partidos políticos incluyen en sus programas electorales la reforma de la Administración Pública, para que funcione eficazmente al servicio del ciudadano. Sin embargo, tan pronto como alcanzan el poder, el tema queda relegado».

Por su parte, el Prof. Leopoldo Gonzalo, en un trabajo de 2011, ponía de relieve que el Estado español es altamente ineficiente, demasiado grande, y al tiempo redundante, incluso un *verdadero armatoste*: «A la vista de todo lo cual parece manifiestamente corta la suma de 24.000 millones de euros como coste de las duplicidades de Estado y Autonomías». El citado adjetivo *armatoste* aplicado al sector público lo tomó Leopoldo Gonzalo de Ramón Tamames: armatoste, según la primera acepción del DRAE, es un «objeto grande y de poca utilidad».

2. EL INFORME ABRIL DE 1991[21]

Hecho el paréntesis sobre la filosofía y conveniencia de la CCP, volvemos ahora al desarrollo de la sanidad pública en España. con la anotación de que en 1991, todo su panorama estaba convulsionado:

20 Ramón Tamames y Ramiro Aurín, con prólogo de Jesús Sánchez Lambás, *Gobernanza y gestión del agua: modelos público y privado*, Profit Editorial, 2015.

21 «Informe Abril Martorell: la reforma sanitaria que llegó doce años después», *ABC*, 22.XI.2003.

la insatisfacción del usuario llegaba al 77 por ciento, la sindicalización ahogaba cualquier reforma por pequeña que fuese, las listas de espera colapsaban la paciencia de decenas de miles de personas. La asistencia sanitaria, el SNS, en resumen, no funcionaba y las críticas se hacían más frecuentes y resonantes, por el sentimiento democrático ya generalizado en España.

La Comisión

Además, había profundos cambios sociales y sanitarios que se manifestaban, en todo el mundo, con más presiones en los sistemas de asistencia médica, no sólo en España, sino también en Holanda, Reino Unido, Suecia, etc. Las variaciones demográficas, los nuevos comportamientos sociales, la presión incesante del acelerado progreso técnico médico, producían crecientes tensiones.

Por todo eso y mucho más, el Gobierno de Felipe González confió en la experiencia de Fernando Abril Martorell, que había llegado en el primer gobierno de Adolfo Suárez, en 1977, a una Vicepresidencia Segunda. Y que había demostrado sus dotes para la negociación tanto en los Pactos de La Moncloa de 1977, como en la propia redacción de la Constitución (1977/1978). Por eso, y a propuesta del Ministro de Sanidad, Julián García Vargas, en 1991 se encargó a Fernando Abril lo que luego sería un célebre *Informe*. Los miembros de la Comisión fueron los siguientes:

— Presidente: Fernando Abril Martorell.
— Vicepresidente y coordinador: Enrique Costas Lombardía.
— Secretario: Joan Josep Artells Herrero.
— Vocales: Rafael Alonso Pedreira, Lluis Bohigas Santasusagna, Antonio García de Blas, Carmen Martínez Aguayo, Francisco Martínez Borrego y José María Segovia de Arana.
— Colaborador técnico: Rafael Bengoa Rentería.

El 25 de septiembre de 1991, Fernando Abril presentó el resultado de los trabajos de su Comisión ante el Congreso de los Diputados,

64 recomendaciones que se estructuraban en términos de organización, gestión y financiación, en las que se reconocía «un cierto agotamiento del sistema sanitario, que ha tocado su límite». Y desde el principio, Fernando Abril tuvo claro qué debería hacerse con el Sistema Nacional de Salud fueron claros: mejorar la gestión de los recursos humanos y técnicos, asegurar una asistencia sanitaria de calidad y contener, o disminuir, el gasto sanitario.

Críticas desde la izquierda

El PSOE recibió el Informe Abril de manera cortés y el PP de forma correcta, pero nadie salió en su defensa. A los sindicalistas les disgustó porque en él había nuevas formas de contratación, de externalización. Cayó mal en el sector privado, y peor aún entre los profesionales.

Las críticas más severas fueron las de Ángeles Maestro, diputada del PSOE en 1991, para quien el Informe Abril era propio del gran capitalismo, muy interesando en obtener mayores beneficios a partir de los presupuestos sanitarios públicos. Para lo cual, según ella, necesitan reducir la sanidad pública a una especie de beneficencia —limitando drásticamente las prestaciones—, para cobrar tasas por el uso de los servicios sanitarios, extender el copago de medicamentos a los pensionistas, y acelerar la privatización de todo lo rentable.

En otras palabras, según Ángeles Maestro —de forma manifiestamente deformada—, el sistema sanitario público se desmoronaría rápidamente, y según la extrema izquierda, la privatización de la gestión de múltiples servicios de los hospitales, la generalización de los conciertos con clínicas privadas, la drástica disminución de las actividades preventivas y de promoción de la salud —como la vacunación—, y el aumento constante del recurso farmacéutico, dispararían el gasto y deteriorarían la calidad y eficacia del sistema. A todo ello habría que añadir la disminución del gasto público por habitante, la reducción de las plantillas y la precarizan del empleo.

Sin embargo, a pesar de esas críticas, lo cierto es que años después, muchas de las recomendaciones del Informe Abril se asumieron por el Estado y las CC.AA., desde la Ley de Cohesión y Calidad (Ley

16/2003), incluida la CPP para gran variedad de servicios, a fin de asegurar al ciudadano sus derechos y no para privarlo de los mismos.

Análisis de la Sanidad Pública en el Informe

En el Informe Abril, se constató, ciertamente, que el Sistema Nacional de Salud (SNS) contribuía a la mejor salud de la población y a la corrección de parte de las desigualdades sociales, con un dispositivo de prestaciones de lo más extenso del mundo y que cubría a toda la población española con un esfuerzo económico y calidad técnica y profesional equiparables a los países del entorno.

Sin embargo, el Sistema sufría tensiones por razones en parte ya expuestas: aumento de la demanda social, por el envejecimiento de la población, mejora del nivel de vida y más exigencias populares, y por el gran desarrollo de la tecnología disponible (formidable pero muy costosa), desafíos todos ellos a enfrentar con limitados recursos del Estado. Esas y otras disfunciones en los servicios públicos fueron objeto de críticas en la gran huelga general de 1988, la mayor que ha tenido la democracia española.

Faltaban eficacia, equidad y calidad de los servicios sanitarios, según una encuesta internacional[22] encargada por la Comisión Abril: el nivel de satisfacción de los servicios sanitarios se situaba en el noveno lugar de once países consultados. Se constató que había un consenso en las deficiencias, destacando:

— La Atención Primaria, la «puerta de entrada» al sistema, que estaba en un lento proceso de transformación, pero precisaba de formas de mayor eficacia y eficiencia.
— El porcentaje del gasto sanitario se incrementaba en la Asistencia Especializada, en tanto que descendía el de la indispensable Atención Primaria.

22 Encargada al Prof. Robert Blendon, la principal autoridad en EE.UU. sobre opinión pública y salud, que después se ha venido realizando periódicamente en España bajo el nombre de *Barómetro Sanitario*.

— La medicina preventiva no tenía el relieve necesario para mejorar todo el tratamiento personal.
— El sistema público carecía de una visión global y empresarial y no daba libertad de elección a los pacientes.
— Había una fuerte desmotivación de los profesionales del SNS, mal encajado en el marco laboral.
— Los mecanismos de información, evaluación y análisis eran más que insuficientes y dificultaban la gestión y el establecimiento de programas de salud.
— Se apreciaba una fuerte rigidez del Sistema, que impedía decidir a los equipos directivos de las diversas unidades.
— El SNS se orientaba al cumplimiento de los procedimientos formales de la función pública, antes que a conseguir altos resultados por el óptimo empleo de los recursos.
— La falta de coordinación del SNS en 17 CC.AA. era más que manifiesta. Es como si no existiera el SNS.

Propuestas de reforma

Las principales recomendaciones del Informe Abril, cabe sintetizarlos como sigue:

— Propiciar la responsabilidad a los gestores, para lograr una mayor eficiencia de los recursos efectivamente disponibles.
— Crear bases para que el Sistema funcione con mayor satisfacción subjetiva de los usuarios y con verdadera (o al menos alguna) libertad de elección.
— Promover conciencia de coste en el profesional y en el usuario.
— Suscitar la creación de estructuras más flexibles y autónomas para reducir el gasto.

En cuanto a la contratación, se aconsejó hacer con medios propios sólo lo que se pudiera. Pero había que recurrir a medios ajenos, subcontratándose todo lo necesario; en la presunción (fundada) de costes sustancialmente inferiores en la gestión privada que en la pública. En ese sentido, de los 40 millones de españoles de 1991, que eran beneficiarios del SNS, unos dos millones optaron por un sistema distinto de gestión privada como MUFACE; y unos cuatro millones, por una doble cobertura. La opinión pública en la *Encuesta Blendon*, consideró que era mejor la asistencia privada (57 por 100) o que era análoga (33 por 100).

Por lo demás, en el Informe se planteó que en las unidades de provisión de asistencia sanitaria de propiedad pública, se debería impulsar una verdadera autonomía financiera y patrimonial.

— Para ello, los hospitales y otros centros, podrían transformarse en sociedades estatales sometidas al derecho privado (propuesta 13).
— Con independencia de no cambiar el régimen jurídico en todas las unidades, sí que se debería reforzar la dirección, con mayor flexibilidad económica (propuesta 15).

En lo concerniente a servicios de gestión privada en el informe (propuesta 25), se recomendó:

— Establecer las condiciones de solvencia financiera y acreditación sanitaria de la gestión.
— Actualizar la normativa vigente reguladora de la actividad del seguro de asistencia sanitaria.
— Mejorar los contratos de concertación de servicios con entidades privadas exteriores.
— Actualizar el ordenamiento de entidades colaboradoras y mutuas, con especial extensión de las prestaciones —incluir las farmacéuticas— a los pensionistas y reglamentar el uso del dispositivo sanitario de la Seguridad Social.
— Evaluar las entidades colaboradoras y mutuas con suficiente tradición para aplicarse la posible modificación, mantenimiento o impulso que procediera.

El desarrollo del SNS en los años ulteriores había de tener un gasto creciente y un cambio tecnológico que implicaría en algunos casos crear nuevos servicios y suprimir otros. Para la ampliación deberían seguirse los siguientes criterios:

— Flexibilidad, cuando sea con cargo a recursos ociosos del propio centro.
— Si no existen los suficientes recursos ociosos, analizarse la cobertura con contratación externa.
— Si no es posible la contratación externa, exigirá un severo examen para emitir una autorización específica y razonada.
— Además, la externalización requeriría contratos adecuados para mayor seguridad y calidad, y menor precio.

Para paliar el problema de las listas de espera —que existían en todos los sistemas de salud europeos—, lo importante es que estuvieran «bien formadas», es decir que no se produjeran demoras en procesos que se agravarían por el retraso.

3. OBSERVACIONES SOBRE LA SITUACIÓN ACTUAL DEL SNS

Tras el estudio del Informe Abril, conviene hacer un breve análisis del SNS en la hora presente (últimos datos de 2015), que supone un gasto total de casi 100.000 millones de euros[23].

Estos cerca de 100.000 millones de euros representan un 9,3 por 100 del Producto Interior Bruto (PIB), 6,5 puntos con recursos públicos y 2,7 con privados. En el cuadro 1 puede verse el detalle de la evolución del total gasto sanitario desde 2006, con un máximo en 2009 y una caída ulterior por la Gran Recesión (2008/2013). Si bien es cierto que desde 2009 hubo fuerte retorno de trabajadores inmigrantes foráneos, que se fueron de España. Como también hubo años de marcada deflación.

Con los datos referidos, la primera pregunta es si representan el nivel de gasto que corresponde a un país como España. En ese sen-

23 Esther Martín del Campo, «El enigma de cuánto y cómo se ha de gastar en sanidad», *Revista Española de Economía de la Salud*, nº 3, 2017.

tido, David Cantarero, profesor titular de Economía Aplicada de la Universidad de Cantabria, subraya que «realmente nos encontramos aún por debajo de la media de los principales países desarrollados de la OCDE, lo que indica que queda bastante camino por recorrer». Además, destaca que en los últimos años se ha experimentado un desplazamiento del gasto sanitario desde la parte pública a la privada, y que presenta, además importantes diferencias entre CC.AA.

Figura 1. El gasto sanitario total en porcentaje del PIB en la OCDE

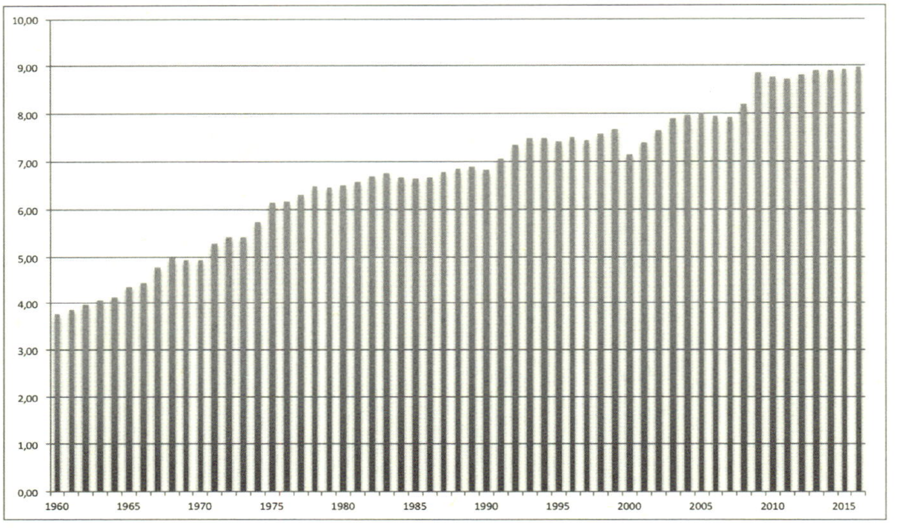

Fuente: Elaboración propia a partir de Health Statistics 2017[8]

Sobre este punto, Francisco Igea, portavoz de Sanidad de Ciudadanos (Cs), coincide en que nuestro país esta aun alejado del gasto sanitario que le corresponde, aunque es cierto que en los últimos presupuestos se ha recuperado algo.

Por lo demás, según los últimos datos del informe «Sanidad privada. Aportando valor 2017» el gasto sanitario privado continúa con su tendencia de crecimiento. En ese sentido, Manuel Vilches, Secretario General de la Fundación IDIS, insiste en que según estas cifras el 30,1 por 100 de gasto privado del total del gasto sanitario en 2014 sitúa a España 3,1 puntos por 100 por delante de la media de la OCDE, que ronda el 27,1 por 100.

En cuanto a las apreciaciones en torno al SNS, hay muchas loas, pero también hay críticas, que aquí vamos a destacar[24]:

— La financiación es insuficiente y eso les consta a los consejeros de salud de las autonomías, y hay diferentes niveles de financiación entre CC.AA. Por otro lado, hay *fábricas* de profesionales en todas las autonomías que a veces carecen de rigor en la formación; con la realidad de que el sistema de selección de profesionales se ha hecho localista, endogámico, de selección perversa en la que puede no ganar el mejor.
— En cuanto al sistema MIR, genera unos *corralitos* que condenan a sus efectivos humanos a no poder salir de una única autonomía. De hecho, los concursos de traslados para todo el territorio nacional han dejado de existir. Por lo demás, hay gran dificultad de elegir médico y centro en el territorio nacional y cada día más dentro de la propia comunidad.
— Un profesional generado por estos pagos, entra en países que no hablan español sin examen de ningún idioma; mientras que en España se exige el conocimiento de las lenguas cooficiales; «hasta a los que sólo hablan con un microscopio», según Antonio Burgueño, lo que no pasaría de anécdota si no afectara seriamente a la posibilidad de excelencia.
— Hay diecisiete grupos de sistemas de salud, una en cada autonomía, con diferencias notables entre sí, como la de vacunaciones diferentes. La política de prestaciones farmacéuticas y modelos de aceptación de medicamentos nuevos, también es distinta. La edad de jubilación y los salarios son diferentes para los trabajadores públicos de cada autonomía. Y las listas de espera se emiten para constancia administrativa, pero no para que los enfermos opten a un mejor acceso.
— El entendimiento de la colaboración del sistema privado es muy diferente: en algunas CC.AA. se persigue que un médico pueda trabajar en la privada, en otras se clausuran modelos de colaboración emblemáticos por razones políticas. O incluso, se conciertan las clínicas privadas o se dejan de contratar por razones ideológicas.

24 Antonio Burgueño Carbonel, «Ya estamos donde queríamos: la calidad del sistema sanitario dividido por 17», *A tu Salud, La Razón*, 17.IX.2017.

Como reflexión final podemos afirmar que las conclusiones del Informe Abril siguen vigentes, y que justamente algunas de las acciones que este propone y que, como veremos más adelante, han sido exitosas sin ninguna duda, pretenden ser abolidas por prejuicios ideológicos sin atender a las mejoras producidas en el servicio ni en el interés general de los ciudadanos.

II. LA SALUD DE NUESTRO INTERÉS GENERAL

Jesús Sánchez Lambás
Abogado

Decía Ortega que el hombre es historia y biología. Pero a lo largo de la mayor parte de su existencia en el planeta también fue superstición. La salud y la enfermedad, la cara y la cruz de nuestra existencia integran los valores de la condición humana: si la primera disminuye y la segunda crece afecta a nuestra existencia hasta que se extingue que es, también esencialmente, un elemento cierto. Sobre estas ideas se ha construido la historia de la humanidad como una constante transversal (y trascendente) a todas las actividades humanas impulsada por dos elementos definidores de la especie: la supervivencia y la calidad de vida (funcionalidad, ausencia del dolor, aspecto físico...). Estos impulsos primarios y comunes han condicionado las construcciones sociales desde la noche de los tiempos, en los orígenes de los modelos de convivencia y ha impregnado a todas las culturas en todas las épocas. Son 200.000 años sostenidos sobre la concepción animista, las ideas sobrenaturales y la prueba y el error con los productos de la naturaleza en estado puro o de rudimentaria elaboración. En estos orígenes se termina la idea de recurso colectivo, del mismo modo que los padecimientos tienen una proyección indiscriminada y generalizada.

El Derecho a la Salud como una parte relevante del Derecho a la Vida, que ha ido escalando posiciones donde la calidad de vida está asociada a la salud en diversas vertientes que siempre se han medido en términos estadísticos, con una vocación universalizadora que forma parte esencial de su ADN público y que fijan valores generales como la expectativas de vida por genero, incidencia de enfermedades y su distribución por áreas geográficas, por razas, por estilos de vida por franjas de edad, y en general una disciplina, la estadística que toma grandes muestras de población y que ha asociado, especialmente en la época contemporánea pero no sólo a la medicina con lo público. Ayudado, sin duda por cuanto la naturaleza humana y su fisiología ha sido más progresista en la idea de igualdad que todas las políticas revolucionarias juntas.

Frente a la enfermedad somos muy iguales, me temo.

Hay otra faceta de la salud y de la medicina que le otorga esa dimensión pública: desde muy pronto las sociedades complejas han percibido que virus, bacterias y otros patógenos que me son ajenos tienen vocación igualitaria y discriminan poco (solo por nivel de cultura, alimentación, lugar de residencia y otros parámetros que protegen) entre personas y son capaces de infectar por decirlo simplemente a ricos y pobres, con algunos matices. Ese funcionamiento generalizador alumbró en las culturas clásicas y en la Edad Media incipientes políticas de salud públicas y entre las órdenes religiosas y los poderes políticos se construyen hospitales generales y destaco este adjetivo. Desde las grandes pandemias clásicas: la viruela, el sarampión, la gripe española, la peste de Justiniano y la peste negra, la llamada tercera pandemia, tifus, cólera; a las más modernas del VIH la gripe de Hong-Kong, entre otras.

Simultáneamente y en paralelo se requiere profesionales capaces de ejercer las artes médicas y las farmacológicas, con toda una florida nomenclatura desde físicos, galenos, barberos, cirujanos... Cuando el desarrollo humano empezó a sustituir creencias por empirismo y se estudian los procesos naturales que afectan al ser humano, se necesita formar a quienes dominen la técnica y el arte de lo que hoy llamamos medicina, donde igualmente se ha forjado su contorno público. Esto es así, con diversos desarrollos (y no pocos retrocesos) en todas las culturas conocidas. Las escuelas desde Hippocrates saltando al *Collegium Hippocraticum* en el sur de Nápoles del siglo XII, los monasterios y las universidades que tuvieron que superar las limitaciones religiosas para poder ordenar en sus claustros la docencia de la ciencia médica, que retraso severamente su expansión sobre otras disciplinas. Si el empirismo es un elemento esencial de esta ciencia, esos prácticos necesitan formarse sobre centros donde se acumulan enfermos, donde ejercitarse, experimentar y aprender. Ese elemento «*practicum*» de la medicina que ha pervivido hasta nuestros días (felizmente, ya que otras disciplinas y artes profesionales nos formamos con una especie de alergia a la realidad, convencidos de que la vida estaba contenida en códigos y leyes generalmente con más de un siglo de vida). Toda facultad de medicina ha contado con un hospital clínico generalmente público con pocas y muy brillantes excepciones a las que volveremos más tarde.

Por su carácter trasversal a toda manifestación humana no es irrelevante la vinculación de la medicina al mundo castrense, en realidad los ejércitos y la guerra han sido y siguen siendo formidables potenciadores del progreso humano, también en la salud, donde el militar está especialmente expuesto en su naturaleza física y requiere los auxilios profesionales para poder continuar su función de preservar los intereses del estado al que sirve, y es por tanto una cuestión esencialmente pública. Desde las *Veletudinarias* romanas a los *Inválidos* en París y otros tantos centros que han perdurado, como expresión del valor de la milicia y la salud en las sociedades de todos los tiempos. Esta tradición se ha mantenido a lo largo de los siglos y se proyecta hacia el futuro a caballo de las más innovadoras tecnologías, que financiadas con recursos públicos, revierten a la sociedad civil de modo relevante.

Del mismo modo desde las sociedades más primarias a las más evolucionadas han desarrollado marcos regulatorios muy relevantes en cuanto a las normas de higiene pública, a la práctica de la medicina y de la farmacia, a lo ordenación de los sistemas de salud pública y privada. Hoy las disciplinas jurídicas en torno a la salud y a la práctica de las artes médicas, ya desde la enseñanza son unas de las más amplias y ocupa un papel esencial en el Derecho público. Solo por esbozar el campo más novedoso asociado a la biomedicina, los ensayos clínicos, eutanasia, donación de órganos y trasplantas, reproducción asistida... ocupan y preocupan a la sociedad de nuestro tiempo y están, de modo natural, en el debate público y político de forma permanente.

Todo nos conduce en el mundo de la salud y la medicina a una preeminencia de lo público y del interés general, sin duda.

Este vínculo a lo humano que le es tan consustancial lleva a que hasta la medicina privada ejercite, me atrevería a decir sin excepción, su vocación por el interés general de modo altruista. Hospitales privados que prestan atención a personas sin recursos hasta médicos que se enrolan en organizaciones internacionales en ese fenómeno tan definidor de nuestro tiempo como es el de la solidaridad. Mis dolencias de piel se quedaron este verano sin los cuidados del doctor Pedro Jaén que se marchó a curar y enseñar a curar a niños albinos en África. Y la anécdota es una categoría en esa vocación.

Pero permítanme que aproxime la lupa a la realidad histórica. Ni todo ni siempre fue así.

Una estancia académica en Lyon me llevó a la Borgoña no tanto a disfrutar sus caldos ya prohibitivos, como su paisaje monumental en una región plagada de hospitales creados por iniciativas privadas entre los siglos X y XV. Dejando a un lado la insana envidia que nos genera la campiña francesa y la calidad de la recuperación y conservación de sus monumentos civiles, la reflexión se centró en una Europa incipiente poblada de centros hospitalarios(*Hotel—Dieu* de Beaune es quizá el más emblemático) basado en el impulso caritativo, solidario de las familias más afortunadas que recibieron el respaldo de los Duques o Reyes, Señores de sus territorios. Haciendo el recuento de estas iniciativas en el viejo contiene termine en mi propio pueblo, donde Simón Ruiz, un prospero banquero del siglo XVI mandó construir un hospital para pobres donde cuatro siglos después recibí unas de esas vacunas de los planes públicos de prevención de las enfermedades típicas.

En una estancia de trabajo con el prestigioso politólogo Manuel Pérez Yruela en El Cairo y Alejandría durante el Ramadán del año 2010, cuando la revolución egipcia se empezaba a sentir, vimos como el sistema de salud de una parte de la población más desfavorecida estaba en manos de organizaciones religiosas que mediante la sanidad, la educación, los subsidios lograban una gran implantación social y crecían políticamente.

Las iniciativas de centros privados de atención general o pública, financiados con recursos privados han sido una constante en la sociedad europea a lo largo de diez siglos, donde la colaboración público-privada es permanente y a ella se incorporan en las sociedades industriales de finales del XIX y principios del XX sistemas de salud financiados con las cajas de resistencia de los incipientes sindicatos que son absorbidas por los Estados, como las políticas impulsadas por Bismarck que a partir de 1864 articula sistemas públicos de gestión privada por instituciones sin ánimo de lucro que fue seguido por la mayoría de los países europeos. La crisis de 1929 y el empobrecimiento general terminó alumbrando El Sistema Nacional de Salud que no surge hasta 1948 en Inglaterra siguiendo el modelo neocelandés de 1939.

La Europa que surge después de la II Guerra Mundial es mayoritariamente un territorio donde la iniciativa pública es dominante como necesidad de reconstrucción de un continente asolado física, intelectual y políticamente. El estado se convierte en el eje de la vida y abarca todas las actividades, o casi todas. Es el gran protector del interés público y de la defensa del interés general. Fruto de esta colaboración es el gran proceso de integración regional, aún en obras, la Unión Europea, la unificación de Alemania y el acceso a la democracia de los países al sur de los Pirineos y de detrás del llamado Telón de Acero, con la inflexión de las guerras balcánicas. La gestión de los servicios públicos municipales, la sanidad, la educación, las infraestructuras, la protección social, son obra del poder del estado, financiado con impuestos de los ciudadanos y cuotas de empresarios y trabajadores.

Mientras se reconstruye Europa y con la influencia inevitable de los Estados Unidos cuya contribución en las dos grandes contiendas fue solo determinante del éxito de los principios liberales y democráticos, se reconstruye también uno de los elementos que dominaron a lo largo de los últimos diez siglos y configuran su personalidad: el mercado y la competencia. La iniciativa privada, tanto empresarial como ciudadana.

En las postrimerías del siglo XX ese estado omnipotente presenta síntomas de agotamiento y arroja sobre la sociedad sus propias patologías: insolidaridad, ineficiencia, y corrupción, coronado por la más formidable crisis económica que hemos conocido las generaciones de la postguerra, dejándonos empobrecidos y consternados con seis millones de desempleados solo en España, con la mayor progresión de las desigualdades sociales que hemos conocido.

Dónde se extravió la confianza en el estado, en la clase política, en el funcionamiento de las instituciones en una España que se asoma temerosa al proceso democrático en 1977 y naufraga en el verano de 2015, es una de las grandes cuestiones sobre la que existen tantas opiniones como personas. Como no, yo también tengo una. Empecé hacerme esta pregunta a finales de 2009 y desde una prestigiosa institución académica resolvimos que convenía pasar de las sensaciones a las opiniones, a construir certezas sociológicas. Y qué mejor que preguntar a los españoles. Los maestrillos no necesitan permiso para referéndum y mientras pensábamos y convocábamos a los mejores (recuerdo especialmente de aquella época los luminosos análisis económicos de Josefa García Grande) la parte de preguntar se encomendó a José Juan Toharia (maestro de la sociología, discípulo de don Juan Linz y el primer sociólogo que abordó en serio la sociología de jueces y justicia en nuestro país en los años 70) y a su equipo de Metroscopia. La idea venia de los trabajos que impulsó hacia muchísimos años antes Cáritas. Ahora lo hacemos bajo el impulso orteguiano de *«vivir de claridades y lo más despierto posible»* que propuso Toharia con unas encuestas formidables en su calidad, en su amplitud y en los análisis del equipo de Metroscopia. Y esa parte empírica de que piensan los españoles (ya que España, Cataluña o el País Vasco, o cualquier otra entidad política carece de esa capacidad antropomórfica, aunque en generales los análisis mediáticos y tertulianicos se encargan de desmentirlo) era sometida al análisis de las mejores cabezas del país. Ahí están los trabajos publicados por Biblioteca Nueva desde 2010. Participé en esta apasionante tarea creo que hasta finales de 2013. Pero Toharia ha sido capaz de mantener este brillante trabajo del que sigo aprendiendo. No tengo espacio en este texto para siquiera compilar un breve resumen, ni creo que se deba hacer. Es aquí donde les invito a dedicar un tiempo desde la capacidad crítica de cada uno. Esta aventura como la de fundar en los años noventa el capítulo español de Transparencia Internacional (cuatro gatos esforzados y voluntariosos ingenuos: Antonio Garrigues Rafael Calvo nuestro primer presidente malogrado en plena juventud, Manual Villoria, Silvina Bacigalupo y el actual presidente, Jesús Lizcano, con una tenacidad asombrosa)que aborda esas foráneas ideas de transparencia y buen gobierno también dispone en su web y revista un buen acerbo de materiales.

Señaladas las fuentes no me resisto al menos esbozar que (a mi juicio, insisto) pasó:

Una defensa a ultranza de un texto constitucional que ha logrado a base de no tocarla, que presente signos severos de necropsia, como la desigualdad de oportunidades, de medios y de fiscalidad entre españoles por razón de residencia, que nos abisma como en el 77 a unas elecciones constituyentes. Dos poderes hipertrofiados y un tercer poder, el judicial hipotrofiado y desbordado por la insuficiencia de efectivos, de medios y de modelo. Pese a lo cual los dos grandes poderes no han tenido empacho en depositarle la gestión de la mayor crisis institucional vivida en 40 años, el desafío soberanista. Una clase política a la que le entusiasma repetir el discurso «*kennediano*«(una ocasión de invertir el sentido del discurso de Berlín y preguntarle al estado no qué más podemos hacer los ciudadanos por él, sino qué puede hacer de nuevo él por nosotros, que estamos exhaustos y aterrados) de un gobierno de leyes, pero con tantas, tan cambiantes y tan malas que en realidad generan un desgobierno. Una manifiesta incapacidad de reducir el coste del estado ni en medio de la peor tormenta conocida. Una severa incapacidad de reducir triplicidades y cuadruplicidades administrativas. El expolio de los recursos públicos y privados de un sistema financiero arraigado en las peores prácticas, con la quiebra de una mitad del mismo y la ineficiencia de los sistemas de regulación, control y supervisión. Una contratación pública desaforada que rebasa el 15% del PIB y donde las ineficiencia por mecanismos de control y fiscalización generan sobrecostes (según la CNMC, poco sospechosa de exagerar) de 40.000 millones de euros. Unos procesos de corrupción que permitirán cambiarle la frase a un conocido político que estos días de las tensiones independentistas dice que hay presos políticos, y la gente piensa en invertir las palabras (políticos presos). Una articulación territorial con 17 insolidaridades de los estados pequeños sobre, no diré el grande, quizá ya solo el central, que se ha jibarizado hasta desaparecer en algunos espacios funcionales y territoriales. Más de un 41% de paro juvenil, auténtica lacra de cualquier país que pretenda tener futuro. Unos políticos incapaces de resolver los problemas y las diferencias políticas, base de nuestra tranquilidad.

Este escenario optimista y necesariamente incompleto por razón de espacio va generando una severa desafección de lo público, donde lo público es necesario. Los jóvenes y los no tanto, pero vocacionales de la solidaridad pueblan un robusto movimiento de tercer sector que lucha por mejorar la calidad de vida del prójimo. Y un sector empresarial privado capaz de crecer incluso con la desleal competencia del estado y de nuevo el sector sanitario, pero no sólo, es capaz de crecer, mejorar, e incluso asumir la gestión de los sistemas públicos sanitarios. Es, en definitiva, la «*italianización*» de la vida española, no en balde fuimos durante no pocos siglos casi un mismo país.

Cuando veo y estudio los planteamientos de las nuevas formaciones políticas me trato de refugiar en un estupendo trabajo sobre la gestión de los servicios públicos en 500 municipios holandeses. Cualquiera anticiparía la conclusión: se opta por la gestión pública, la privada o la mixta en función de la eficiencia y sostenibilidad. Consuélense: los autores dicen que la razón es solo una, la ideología. Lo que permite pensar que en todas partes... Se nos representa muy difícil afrontar los retos de la sanidad en el país a base de ideología. Política, naturalmente.

Hasta aquí hemos encontrado una causa y justificación de los procesos de hacer pública la gestión de los sistemas sanitarios, y de otros servicios públicos. Es por tanto una jerarquización y, si se me permite, un cierto desprecio a la razón kantiana: primero la ideología, después el interés general. En realidad el interés público al servicio de... Quien ejerce la ideología en la política? los partidos y la clase política, que recibe, por ser caritativos, una de las más bajas calificaciones en la percepción y confianza social en cualquier encuesta que se tome de referencia, sin paliativos. Claro la política es imprescindible, es la base del sistema democrático, un modelo imperfecto, pero el menos malo que se conoce para la organización social. Del mismo modo decíamos que el mercado no es perfecto, pero es el sistema menos malo. Hemos visto emerger en medio de un sistema europeo cuasi generalizado de sanidad pública un sólido, solvente y rentable mercado de empresas privadas capaces de prestar servicios sanitarios de calidad y de gestionar directamente con altos parámetros de calidad la sanidad pública.

Sería ridículo cuestionar que la acción política está cargada de ideología, y forma una parte esencial de nuestra cultura y de nuestra tradición en Occidente por no profundizar más desde las revoluciones burguesas que derogan el antiguo régimen.

Aunque sobre esto siguen existiendo posiciones académicas, científicas y políticas que cuestionan que la titularidad de los servicios públicos sean del estado. Que la regulación de los servicios públicos sea una competencia del estado, a una gran mayoría nos parece una conquista de las sociedades democráticas en eso tan complejo que se concreta en el mundo jurídico con la expresión manida de *Estado Social Democrático de Derecho*. A modo de ejemplo, autores bien prestigiosos cuestionan que sea el estado, mejor dicho ya instituciones supranacionales, quienes fijan el tipo de cambio e incluso critican (sólidamente) que el estado tenga el poder de emitir moneda. Muy al contrario, hoy el dominio público cubre todos los ámbitos de los servicios esenciales. Esto es producto de la ideología, sí. Pero de una ideología compartida por las opciones políticas moderadas que representan a la mayoría de la sociedad contemporánea.

Sentado que es difícilmente entendible que los elementos esenciales de servicio público deben de ser de titularidad del estado en sus diversas formas, y dando por sentado que los modelos regulatorios han de ser públicos, como expresión de la soberanía popular por medio de los órganos legislativos o de los ejecutivos sometidos a control, aunque sobre esto de la regulación regresaremos.

Ahora nos referimos a la tercera pata del modelo: los medios son del estado, es necesario que existan para que los ciudadanos dispongan de sus servicios. Para poderlos utilizar ordenadamente hace falta normas claras, precisas, previas y legitimas. Un marco regulatorio capaz de arbitrar mecanismos para que los grandes principios, el derecho a la educación, a las infraestructuras o a la salud sean una realidad cotidiana. Pero falta el tercer pilar, quien y como se gestionan esos activos y esas normas para que finalmente el paciente sea atendido de unas dolencias con unos estándares de calidad adecuados al nivel de progreso de la ciencia y de los medios disponibles. La gestión. La política presidida por esa vis expansiva tiende a pensar, especialmente en los espectros de centro a la izquierda, que mediante los mecanismos coercitivos de que dispone para imponer cargas fiscales sin límite a los contribuyentes, puede gestionarlo. Pensando bien, lo hacen por «convicciones», creen que para asegurar que el servicio llega a todos sin discriminaciones por razón de capacidad económica, el gestor del servicio de salud ha de ser público. Pensando mal... ya nos decían en la infancia que tal cosa conduce al error (¿o era al revés?). No hay intereses clientelares, no se compra voluntades políticas con modelos hiperinflaccionarios de la función pública. Solo ideología limpia y honesta, eso sí, cuanto menos neomarxista, un poco trasnochada.

La ley como ya decíamos antes señala dos parámetros para identificar en materia de gestión de lo público dos parámetros, eficiencia y sostenibilidad. Midiendo quién es capaz de hacerlo más eficiente y sostenible, el estado o el mercado debe asumir la gestión. Tal cosa no es «*ab eternum*», no sólo por qué en materia de salud ese concepto aún no existe, sino por cuanto los procesos requieren un tiempo de implantación, pero también requiere mecanismos de control. Si las cosas no funcionan, si hay estudios que demuestran que la operativa no satisface el interés general por ineficiente o insostenible, se cambia, bien dentro del mercado, bien a modelos mixtos y, teóricamente cabría, que la gestión pudiera asumirla el estado. Una manifestación típica de ese segundo pilar, el regulatorio de naturaleza pública, dispone de modelos objetivos de selección de las mejores ofertas de los mejores candidatos que compiten entre sí y de mecanismos de control, vigilancia e inspección. En el ámbito europeo los modelos son muy convergentes por la transposición de las directivas comunitarias (acaban de aprobarse en España la transposición de las dos últimas sobre contratación pública). Dejamos para otra ocasión las ineficiencias del estado en esta materia, que como ya comentamos son abrumadoras y cabría pensar en la intimidad y recomendar a quienes sostienen que también el tercer pilar debe ser público, que en realidad se dediquen a tener un buen modelo regulatorio y cumplir las tareas de vigilancia, control, fiscalización, inspección y dejen eso de comprar guantes quirúrgicos o catéteres a los expertos del mercado, es muy incomodo en los estándares del siglo XXI explicar que sobre lo público el titular de los bienes es además quien regula y finalmente quien lo gestiona, de ese modo con la malhadada contratación «*in house*» (Un artefacto doctrinal de la UE para justificar que el estado se contrata a sí mismo...). Pero no alteremos el discurso. Desde luego ni en España ni en general en la Europa continental hay una gran tradición de «rendición de cuentas» de los aparatos del estado. La transparencia y el buen gobierno es un larguísimo camino que se ha iniciado en 2013 y aún deambula a gatas, malamente. Por no decir ese otro concepto parecido pero no igual de la *acountability,* al parecer privilegio de las culturas anglosajonas. Dice siempre Antonio Garrigues que «todo lo que se pesa y se mide, mejora». El estado ni lo hace ni se le espera, es la sociedad civil quien tiene que afrontar entre tanto la tarea de pesar y medir la gestión de los servicios públicos. De ese modo no existe ideología, solo datos objetivos. Ya hemos citado el informe de la *Sindicatura de Comptes de la Comunitat Valenciana* sobre el Hospital de Alzira (un ejemplo de independencia objetiva de una institución pública). Más modestamente en el *Instituto Coordenadas*, venimos publicando estudios sobre excelencia hospitalaria. En el ámbito internacional, el *Bloomberg Health Care Efficiency Index* (que da un buen puesto a nuestro país) o a nivel europeo y quizá más exhaustivo *Euro Health Consumer Index*, que analiza el sistema sanitario de 35 países europeos, (este más crítico con España), la revista científica *The Lancet*, la *Fundación Gates*. No pretendo hacer un catálogo, pero son suficientes, rigurosas y en general muy entendibles. Pero no es exclusivo del sistema de salud: los hay del sistema educativo o de las universidades (abstenerse espíritus sensibles) de servicios públicos municipales.

La mecánica de elaboración es relativamente sencilla: se seleccionan expertos en diversas materias relacionadas con la cuestión, procurando que no exista sesgo «ideológico» dominante. Estos establecen los parámetros que se deben de analizar de los hospitales, por ejemplo (listas de espera por sectores de actividad, satisfacción de clientes, costes, satisfacción de profesionales, I+D+I, inversiones, etc.). Definidos los parámetros, se realiza la recopilación, la evaluación, se verifica con los responsables del centro, se corrige si es el caso, y se hace el análisis. Pesar y medir.

Si hemos repetido *ab nauseam* que la definición moderna de interés general en materia de prestación de servicios es la eficiencia y la sostenibilidad, en materia de servicios sanitarios se introducen otros dos conceptos adicionales: eficacia y calidad. El bien Jurídico de la salud exige no sólo que la gestión sea buena, que cumpla los estándares del sector, con el menor coste y de forma sostenida y estable en el tiempo sin afectar otros intereses sociales prioritarios, como el medio ambiente; se añade una exigencia, un plus de eficacia. Los sistemas de diagnóstico y tratamiento han de producir resultados. Y han de ser de calidad y han de incluir una dosis relevante de innovación, como exigencia esencial del progreso en una ciencia.

Tomando estos parámetros y si, como ejercicio teórico valoramos nuestras experiencias en los dos ámbitos de sanidad, público y privado y dejando al lado el mixto, que se ha consagrado como un éxito, el elemento más relevante, creo, es la calidad.

Fue definida la calidad por la ISO (la conocida organización de normalización internacional) como «el grado en que las características de un producto o servicio cumplen los objetivos para los que fue creado.». La Fundación *Avedis Donabedian (*una de esas *rara avis* de colaboración público-privada que inspirada por el médico del mismo nombre, dedicó su vida y gran parte de su obra no sólo a definir la calidad sanitaria, sino a «hacerla»). Desarrolló el enfoque de estructura, proceso y resultado, que se convirtió en la base para medir y mejorar la calidad de la atención sanitaria. Así que la calidad está compuesta del factor Técnico, el interpersonal y el de confort del paciente, que a su vez se integra por la eficiencia, como diagnóstico o tratamiento capaz de resolver el problema,

La eficiencia, el mayor número de tratamientos por cada recurso, la accesibilidad: de la prestación ante las dificultades económicas, culturales y educativas..., la aceptabilidad o satisfacción de los usuarios y la competencia profesional o aptitud para la optimización de los conocimientos en favor del paciente. Todo lo cual se mueve entre dos planos, el de la calidad sin reparar en límites materiales y humanos y la calidad óptima, plausible atendiendo a las circunstancias y a la coyuntura.

Y explicaré por qué creo que en el sistema privado esa calidad óptima se alcanza. En un escenario competitivo, el paciente recurre a las fuentes sociales para acudir al establecimiento con la mejor reputación dentro de sus capacidades económicas. Si el servicio no cumple con sus expectativas, puede cambiar. Eso no excluye que exista calidad y que determinados centros públicos cuenten con servicios de referencia. Otra cuestión es el coste, donde se aprecia una tendencia a la calidad abstracta. Coste versus calidad o calidad como un imperativo absoluto. Frente a esta cuestión de nuevo el interés general se sitúa en la realización de la eficiencia. Nuestro sistema de salud que nace en 1908 progresa hasta llegar al punto de eficiencia sobre el inicio de los años 90 del siglo pasado. Se estabiliza a lo largo de una década e inicia una época que unos autores califican de agotamiento del modelo y otros de crisis funcional, solo superable mediante la colaboración público-privada. O al menos esa es la hasta ahora mejor receta probada para hacer frente a retos cuya sola formulación produce escalofríos: la ya mencionada prolongación de la vida, con sociedades intensamente envejecidas, con tasas de natalidad a punto de quebrar la pirámide, en un modelo universalizado del que son usuarios contribuyentes-cotizantes y un volumen de población flotante por efecto de las corrientes migratorias que pueden ir en aumento. Mientras la ciencia progresa y cronífica enfermedades antes mortales, pero con tratamientos prolongados de alto costo, o permite prolongar la fertilidad, en un marco de encorsetamiento del déficit público, en un modelo con 17 estados dentro con un escaso compromiso en cuanto a la recaudación pero con un elevado costo, lo que obliga a incrementar la fiscalidad, generando un empobrecimiento de la economía real al sustraer recursos y una deslocalización empresarial a espacios menos asfixiantes, en un mundo globalizado de alta movilidad donde aparecen enfermedades de otras latitudes y se afrontan grandes catástrofes como la del síndrome tóxico de la colza adulterada, o pandemias modernas y desconocidas como la gripe aviar, o el rebrote de enfermedades que se creían erradicadas. En fin, el conjunto de variables de la ecuación convierte la cuestión en un aspecto esencial de la política de estado donde el mercado y las empresas privadas deben de ser un factor relevante para resolver el problema. Y no sólo en el ámbito de la atención hospitalaria. Además de la post verdad la era del internet de las cosas nos ha traído un hedonismo nada despreciable: el culto al cuerpo, nuevos estilos de vida donde la alimentación, el ocio, el vestido, la residencia, giran en torno a la calidad de vida y salud del individuo. Existe un amplísimo espacio de cultura y estilo de vida donde el impulso publico de políticas de seguridad e higiene en el trabajo, la erradicación del alcoholismo o el tabaquismo, el consumo de drogas, la utilización racional de los medicamentos, o los valores inherentes a la bioética, los avances en la ingeniería genética el estado, menos capacitado, necesita la complicidad de sociedad civil y mercado, para una cooperación leal y la consecución del interés general.

Cuantos años más costará incorporar mecanismos de evaluación de prestigio, independientes, cuánto tiempo costará que esos criterios influyan en el Sistema Nacional de Salud y se ponderen en las tomas de decisión sobre el modelo más idóneo en cada caso lugar y tiempo. Cuando las administraciones públicas, la función pública, los funcionarios y la clase política comprenderá que la implementación de modelos de colaboración público-privado en un entorno transparente es El Progreso, superando las convicciones verticales y piramidales. Esto en una cultura administrativa no ya que desconoce los sistemas de *checkbalance*, incluso de pobreza de limitación entre los tres poderes del estado... La respuesta a estas cuestiones son fundamentales para avanzar en ese espacio ansiado y lejano de un modelo de calidad democrática, que conlleva superar el modelo de una materia demasiado compleja de carácter vertical desde el Ministerio del ramo, las Consejerías del ramo, solo vertebradas en la Mesa Sectorial, para construir un modelo regulatorio más participativo, de estos agentes, con su debida preponderancia, en unión de las empresas privadas, las organizaciones de profesionales de la salud y las asociaciones de usuarios.

Entre tanto hemos de superar la deslealtad del estado con los ciudadanos.

Autores que han sostenido que la transferencia de las competencias sanitarias a las comunidades autónomas supuso, en la fragmentación de una estructura centralizada y piramidal, un irreversible quebranto que va desde la Ley General de Sanidad de 1986, impulsada por el Ministro *Ernest Lluch* (añorado político que desarrollo una ejemplar carrera y pago con su vida el servicio a la democracia) que afronto la más formidable reforma de la sanidad española calificada de un gran éxito en el ámbito internacional, hasta finales de 2001, cuando concluye el proceso de transferencias desde el *INSALUD*, donde, algunos, sitúan el proceso de deterioro, la fragmentación, la calidad de los gestores, el incremento de costes etc. No podemos compartir la crítica: En realidad no estaría el problema en las transferencias: si hay un sistema de vertebración política y territorial en 17 autonomías, tiene todo el sentido que lo más próximo e íntimamente ligado al ciudadano sea el servicio de salud y que este se gestione por las estructuras políticas más próximas, sin llegar, como en países anglosajones, a la municipalización. Otra cosa es el sentido, funcionalidad y valoración no de las transferencias sanitarias, sino del Título VIII de la Constitución española de 1978. Comprenderá el paciente lector que estas líneas verán la luz en noviembre de 2017, donde «*la cuestión*» invade al completo la vida pública y privada no solo en Cataluña, sino en los cuatro puntos cardinales del mapa.

Frente a este modelo público, sobrerregulado, mastodóntico se ha levantado un sector empresarial capitalizado, globalizado, eficiente, profesionalizado, solidario y sometido a duras reglas de mercado y a modelos regulatorios que en no pocos sectores es manifiestamente mejorable. Y a pesar de esos corsés públicos, los movimientos ciudadanos y las empresas han construido espacios bien relevantes en nuestro entorno, con una inusitada capacidad de innovación tecnológica que les ha permitido asumir la gestión de los servicios públicos esenciales la sanidad incluida. Creando empleos, mejorando la calidad de vida, construyendo eso que llaman la Smart City, sobre la que tan buenas contribuciones nos ha aportado en sus trabajos el ingeniero Ramiro Aurin Lopera. Cumpliendo duros modelos de transparencia, de responsabilidad social corporativa o de rendición de cuentas. Pagando impuestos.

Tomando como referencia el sólido trabajo que llevó a cabo *Jorge Bagan* en la auditora y consultora *Deloitte* sobre los desafíos de los sistemas sanitarios públicos europeos, severamente impactados por la tan repetida crisis económica 2007-2017 concreta los cinco retos comunes en el espacio europeo: el aumento de la demanda de servicios con una sociedad geriatrizada, desajustes entre oferta y demanda de profesionales, la tensión entre la mejora del servicio y el acceso equitativo y los problemas de estructura financiera, todos ellos compartidos generalmente. Pero me importa focalizar las consideraciones cuando estudia el elemento de la «*productividad de los hospitales*» que bajo la obsesión, mejor dicho necesidad de mejorar la estructura de costes donde destaca el de personal que absorbe entre el 60—70% de los recursos. Continua *Deloitte* señalando que este proceso puede mejorarse en un 30%, sin menoscabo del nivel de servicio. Otros autores lo elevan por encima del 46%. Pero es curioso destacar que con un elevado grado de consenso en los especialistas en gestión, estiman que un vector de mejora es la externalización y la colaboración público privado.

El empoderamiento ciudadano y las empresas privadas, cuando el estado devino en incapaz de asumir el sistema nacional de salud, que llegó en su dislate a la creación de Fundaciones públicas, para tratar de huir del Derecho público y mejorar el funcionamiento de sus centros; tuvieron que hacerse cargo y como ya es un lugar común, que la gestión privada es mejor de la pública (con la cita al poco sospechoso por ser público, informe sobre el hospital del Alzira). Y además, seguramente, remuneran a sus accionistas e inversores que depositan en esas empresas sus capitales para obtener rendimientos que nos le da la Renta fija. Todo un cambio de paradigma.

La España democrática fue capaz de construir un sistema de facultades de medicina y de hospitales públicos, uno de los mejores sistemas de salud con una medicina universalizada. No falló la prestación médica (donde están incluso el personal sanitario en general, no sólo los médicos y los farmacéuticos). Falló la gestión en un modelo donde los avances científicos y la prolongación de las expectativas vitales ponen en cuestión el sistema de financiación del modelo en un futuro e incluso en un presente. Pero el principal problema del sistema de salud en España y en otros países de nuestro entorno no es el de los recursos financieros. Es el de los procedimientos de gestión. Y no es una particularidad del sistema sanitario: afecta a no pocos aspectos de la sociedad.

Es verdad que ante la crisis financiera, y las ya descritas patologías del sector público y fenómenos como la emigración han surgido movimientos políticos que en algunos países, como España, han logrado quebrar todo el espectro político (a la derecha y a la izquierda), movimientos políticos de gran respaldo electoral que postulan una vuelta a las modelos de gestión pública, inspirados en filosofías políticas felizmente periclitadas.

Sospecho que estos populismos no tendrán respuesta a cuál es la procedencia de los más importantes avances en medicina y farmacología. Pero seguramente, sin despreciar los esfuerzos bien respetables que se hacen desde instituciones públicas, son, en su gran mayoría, provenientes del sector privado que, como es legítimo en cualquier sistema o estado social y democrático, obtienen beneficios. Ganancias económicas, ciertamente, y ganancias sociales salvando vidas o mejorando la calidad en las llamadas enfermedades crónicas, gracias, precisamente, a esos progresos científicos. También se puede añadir que sin un estado fuerte que asegure el imperio de la ley y el normal funcionamiento de las reglas del mercado y del estado de Derecho, no progresan ni las empresas ni la sociedad civil, como es de ver en algunos países de nuestra propia cultura.

A estas alturas estaré acusado de sostener un discurso neoliberal. Pero no lo crean: nada existe sin el estado, o mejor dicho nada que nos interese a los ciudadanos del siglo XXI. Pero nada progresa sin el mercado, incluida la democracia que tiene en el uno de sus mercados. No es mínimamente discutible que en un modelo progresista los bienes esenciales han de tener titularidad pública. Que solo al estado le compete las funciones de regular los servicios públicos (escuchando también a la sociedad civil, a los sindicatos y a la empresas), añadiendo que con el soporte adicional de los mecanismos de autoregulación. Y no es serio cuestionar que la competencia del estado es vigilar, inspeccionar, controlar, habilitar o intervenir en la prestación de los servicios públicos y muy especialmente en el ámbito de la salud. Pero la gestión es otra cosa. La organización de recursos, de bienes y servicios solo ha de estar vinculado a un concepto: la eficiencia.

El interés general es, hoy, igual a eficiencia y sostenibilidad. No sólo por estar así definido en nuestras leyes. Es una demanda social. El estado no puede invocar, con los parámetros sociales actuales, privilegios para arrogarse la gestión de servicios, cuando el mercado es capaz de hacerlo de modo más eficiente y sostenible. Solo se podrá excepcionar esta regla sobre razones cualificadas que justifiquen que la gestión debe ser pública, o en ausencia de mercado y competencia en sectores determinados.

Mi reflexión no se centra en materias como los tres modelos de sistemas sanitarios: modelo liberal, modelo socialista y modelo mixto, que otros más cualificados abordarán. Pero debo concluir: cualquier usuario de los sistemas de salud comprueba que gran parte de los medicamentos que le administras, de las prótesis que le implantan o de equipos de todo orden con los que diagnostican sus patologías no han sido producidos por el estado. Las producen crean y distribuyen empresas privadas. Desde el aparato ruidoso de las tomografías a los guantes que médicos, enfermeras y auxiliares se ponen para entran en contacto físico con nosotros. Esto es una colaboración público—privado. Hemos de escalar, al igual que el suministro de guantes, la gestión en todas sus complejas y enriquecedoras modalidades que exceden del interés de este trabajo. Así, pensando en grande. Mirando lejos, como definía Ortega y Gasset, salvaremos el sistema nacional de salud. Defenderemos el interés público integrando a los intereses privados donde sean necesarios y funcionales. Donde mejoren las cosas. Con más calidad, mas innovación. La sociedad será más progresista, más integradora. La tutela del interés público no puede ser solo del estado. A esa tarea estamos todos concernidos.

III. MODELOS DE GESTIÓN SANITARIA: ALTERNATIVAS Y EXPERIENCIAS PUESTAS EN MARCHA EN ESPAÑA

Álvaro Hidalgo Vega
Director del Seminario de Investigación en Economía y Salud (SIES) de la Universidad de Castilla-La Mancha (UCLM) y presidente de la Fundación Weber

1. INTRODUCCIÓN

En este capítulo repasaremos los diferentes modelos de gestión sanitaria existentes, describiendo el marco conceptual en el que se lleva a cabo la prestación sanitaria por parte del Sistema Nacional de Salud (SNS) español. Nuestro objetivo no será analizar las diferencias entre unos y otros, sino presentar las diferentes tipologías y sus características básicas, ya que será en el resto de capítulos dónde se entre en detalle a comparar las implicaciones en términos de fuerza laboral, resultados en salud y eficiencia de la gestión privada versus a la gestión pública. Sin embargo, para poder comprender adecuadamente las diferencias entre un modelo u otro es necesario que el lector disponga del marco conceptual en el que se expliquen las diferencias entre uno y otro. Ahora bien, antes de poder realizar dicha contextualización es necesario comprender el concepto de Sistema Nacional de Salud y sus diferentes tipologías, así como conocer someramente la organización actual de nuestro SNS.

Empecemos por la definición de Salud. La Organización Mundial de la Salud (OMS) en 1978 en la conferencia realizada en Alma- Ata, define la salud como «el logro del más alto nivel de bienestar físico, mental, social y de capacidad de funcionamiento que permitan los factores sociales en los que vive inmerso el individuo y la colectividad». En esta misma línea, también la OMS define el sistema sanitario como «un conjunto complejo de elementos interrelacionados que contribuyen a la salud en los hogares, los lugares de trabajo, los lugares públicos y las comunidades, así como en el medio ambiente físico y psicosocial, y en el sector de la salud y otros sectores afines.»

Por tanto, la función principal de un sistema sanitario es asegurar el derecho a la salud de la población, procurando que no enferme y que cuando lo haga, el paciente sea correctamente diagnosticado y tratado. Resulta evidente que los SNS no son los únicos responsables de la salud de los ciudadanos de un determinado país, ya que como han demostrado desde la epidemiología y la salud pública la influencia de la asistencia sanitaria sobre la salud es relativamente modesta en comparación con otros determinantes cómo son la biología humana, el medio ambiente o los estilos de vida. Igualmente, las condiciones socioeconómicas tienen una influencia directa sobre la salud.

De forma muy simplificada, un sistema sanitario básico es la relación entre un médico (oferta) y un paciente que sufre una enfermedad y que se dirige al profesional en busca de ayuda (demanda). El médico realiza su acción en respuesta a la demanda de salud del paciente y a cambio recibe un pago por sus servicios. Ahora bien, en cualquier sociedad moderna estos sistemas relacionales se complican. Por este motivo, en cualquier sistema sanitario encontramos dos elementos principales, los proveedores de la atención sanitaria (los servicios médicos) y los receptores de la misma (la población a la que atienden), que se relacionan entre ellos mediante diferentes mecanismos. Por su lado el Gobierno será el encargado de la regulación y el que articule el conjunto de normas que marcan las reglas de funcionamiento del sistema sanitario. En nuestro país, es la Constitución Española de 1978 quien establece, en su artículo 43, el derecho a la protección de la salud y a la atención sanitaria de todos los ciudadanos[1]. La regulación de las acciones que permiten hacer efectivo el derecho a la protección de la salud se recoge en un conjunto de normas con rango de Ley:

— Ley General de Sanidad (1986)[2]
— Ley de cohesión y calidad del Sistema Nacional de Salud (2003)[3]
— Ley de garantías y uso racional del medicamento (2006)[4]
— Ley General de Salud Pública (2011)[5]
— y el Real Decreto-Ley de medidas urgentes para la sostenibilidad del Sistema Nacional de Salud y mejora de la calidad y la seguridad (2012)[6].

Un elemento esencial para el funcionamiento y solvencia del sistema sanitario es su financiación, o lo que es lo mismo, cuál es el origen de los recursos económicos dedicados a la prestación de un servicio. En términos generales podemos distinguir cuatro formas de financiación de los servicios sanitarios:

— Liberal: Se caracteriza por el pago efectuado directa y voluntariamente por el usuario al proveedor, sin intermediarios de ningún tipo. La utilización de los servicios se basa en la ley de la oferta y la demanda.
— Seguros voluntarios: Los usuarios suscriben una póliza con una compañía privada, que les cubre la asistencia en una serie de prestaciones contratadas. Estas compañías actúan como agencias aseguradoras y son las que pagan al médico, actuando como intermediarios
— Seguros sociales obligatorios: La financiación es a través de cuotas proporcionales a los salarios, que son pagadas por los trabajadores y por los empresarios. La compañía aseguradora que recauda estos seguros es la encargada de pagar a los proveedores (médicos, enfermeras, técnicos...). Y la cobertura de la asistencia es similar para todos los asegurados.
— Servicio Nacional de Salud: la financiación se hace a través de una partida de dinero procedente de los presupuestos generales del estado. Los médicos normalmente son empleados del

sistema, y la distribución de los recursos es decidida por los directivos políticos.

Resulta evidente que los resultados sobre la salud de la población, dependerán de cómo sea el modelo en el que se encuadre el sistema sanitario del país. En función del mismo existirán diferencias en términos de equidad, eficacia, eficiencia, satisfacción y universalidad, ya que según cómo sean las características organizativas y financieras de los sistemas de salud, se priorizarán más uno u otro de estos objetivos. No hay ningún sistema que consiga ser netamente superior en todos estos objetivos, debido a que existe una relación de intercambio entre muchos de ellos, motivo por el que conseguir mejorar un objetivo normalmente supondrá obtener un resultado más débil en otro.

Aunque cualquier sistema de clasificación de un sistema sanitario es artificial, normalmente se suelen considerar tres tipologías de grandes subsistemas: el modelo liberal, el modelo socialista y el modelo mixto. Es este último el que impera en la mayoría de los países occidentales. Su característica principal es la separación entre la financiación y la provisión de los servicios sanitarios. Se caracteriza por:

- La financiación de los servicios es mayoritariamente pública, pero el sector privado puede participar en la financiación de aquellos servicios que se demanden directamente por los ciudadanos.
- La provisión de los servicios será indistintamente pública y privada, pero debe garantizarse el cumplimiento de unos parámetros de calidad asistencial adecuada.
- Se basa en la potenciación de la promoción y prevención y de la atención primaria de salud.

Según como sea la financiación en estos países con sistemas mixtos, se pueden distinguir dos modelos:

- El mutualista, que procede del originario modelo bismarkiano, la financiación proviene de las cotizaciones de los trabajadores y empresarios, y cubre sólo a los mutualistas y a sus familias. En principio este modelo garantizaba la asistencia sólo a los trabajadores que pagaban el seguro obligatorio, teniendo que constituir redes paralelas de beneficencia para los trabajadores que no «cotizaban». Los países que tienen sistemas que derivan de esta variante del modelo mixto son principalmente Francia, Alemania, Austria, Bélgica, Luxemburgo y Holanda. Actualmente todos los ciudadanos de estos países gozan de una sanidad universal, gratuita y en condiciones de equidad.

— El de sistemas públicos o de Beveridge, la financiación procede de los presupuestos generales del estado y se presta en condiciones de universalidad, equidad y gratuidad. La planificación y la salud pública quedan en manos del Estado, que elabora planes de salud, con objetivos definidos, claros y evaluables. Este modelo es el que dio origen al Sistema Nacional de Salud en diferentes países, Reino Unido, Suecia, Finlandia, Noruega, Dinamarca, Italia, España y Portugal.

Estos modelos mixtos tienen un alto coste de las prestaciones sanitarias, que dificulta su viabilidad económica, y necesitan de importantes medidas para mejorar la gestión de las prestaciones, para optimizar recursos, para introducir nuevos modelos de gestión manteniendo la financiación pública, concertar con la empresa privada diferentes formas de provisión de servicios, etc.

Uno de esos nuevos modelos de gestión es la colaboración público-privada (habitualmente denominada por su acrónimo PPP del inglés public-private partner ship)que surge como consecuencia de las crecientes limitaciones a la capacidad de endeudamiento de las administraciones públicas en todo el mundo, y en particular en el contexto de la Unión Europea por las limitación de déficit público impuestas por la Comisión Europea. Como señala Martínez-Giralt[7]«estos tipos de acuerdos público-privados representan un reparto del riesgo entre las partes y tienen como objetivo combinar las mejores habilidades de los sectores público y privado en beneficio mutuo. Sin embargo, no debemos perder de vista que los objetivos de la administración pública (bienestar social) y de la empresa privada (maximización de beneficio) no son necesariamente compatibles». Por ello, los acuerdos de colaboración público-privada exigen la implementación de mecanismos de control férreos y el seguimiento del contenido del acuerdo por ambas partes. Esta auditoría debe delegarse a un agente externo a quien las partes suministren la información necesaria de sus respectivas actividades.

Existen diferentes tipos de PPP según las necesidades que tengan los diferentes sistemas sanitarios en diferentes países, por ello la formalización de la relación de PPP dependerá básicamente del riesgo compartido y de las responsabilidades de cada parte. De esta forma, los instrumentos en los que se materializa la PPP pueden ser contratos, franquicias, joint-ventures, subsidios e incentivos fiscales, cooperativas, concesiones, y otros. Podemos clasificar los diferentes acuerdos de colaboración públicoprivada en sanidad en cinco tipos[7]:

— PPP para construir infraestructuras. En este caso el sector público contrata un proveedor privado para diseñar, construir y gestionar una nueva infraestructura (hospital, clínica, residencia, consultorio, etc.). Ejemplos de este tipo se encuentran en Reino Unido, España, Italia, Francia, Australia, Méjico, o Sudáfrica.

— PPP para construir infraestructuras y proveer servicios sanitarios. Este tipo es una evolución del anterior, ya que el proveedor privado además de diseñar, construir y gestionar una nueva infraestructura y además también contrata la provisión de servicios sanitarios. Ejemplos de este tipo pueden encontrarse en España y Portugal.

— PPP para la provisión de servicios clínicos. En esta tipología el sector público contrata la contrata la provisión privada de servicios asistenciales como los análisis clínicos, la diálisis, los servicios de radiología, la radioterapia, quimioterapia, la cirugía ambulatoria, etc. Ejemplos de países que utilizan este formato son Reino Unido, Alemania, Rumanía, Perú, o India.

— PPP para la gestión de hospitales u otra infraestructura sanitaria. En este consiste en delegar la gestión de un hospital (o en general de una infraestructura sanitaria) a un organismo privado. Países como Alemania, Suecia, Brasil, Estados Unidos, o India utilizan este tipo de contrato.

— PPP para la provisión de servicios no asistenciales. Por último, en este caso el sector público contrata con una empresa privada la compra y el mantenimiento de servicios no asistenciales como el mantenimiento, la limpieza, el catering, la lavandería, o los equipos de información y telecomunicación. Este es el tipo de contrato más extendido. Encontramos ejemplos en todo el mundo.

Respecto a la implementación práctica de estos tipos de PPP en Europa podemos distinguir dos grandes grupos en función que unifique en un solo contrato la contrición de la infraestructura y a la provisión del servicio sanitario y aquellos que emplean dos contratos diferenciados. En términos generales se ha apreciado que los países en los que la financiación de la sanidad se realiza mediante impuestos se utilizan más intensamente los contratos de PPP como substituto de una inversión pública inmediata.

En el epígrafe segundo analizaremos la evolución de la financiación y gasto sanitario, ya que en muchos casos las nuevas formas de gestión obedecen a la necesidad de dotar a los sistemas de salud de herramientas de gestión que contribuyan a la sostenibilidad del sistema. En cualquier caso, los PPP son solo una de las nuevas formas de gestión que se han utilizado en España tal como veremos en el apartado tercero de este capítulo. En el último apartado presentaremos las principales conclusiones de nuestro trabajo.

2. EVOLUCIÓN DEL GASTO SANITARIO Y DE LA FINANCIACIÓN DEL SNS

Uno de los elementos que justifican la necesidad de una mayor eficiencia en los sistemas sanitarios es la creciente alza del gasto sanitario en los países de la OCDE. En este sentido, podemos comprobar como este se ha incrementado de forma considerable en los últimos 40 años. Debido a este incremento ha sido necesario establecer medidas para que se ralentizase su crecimiento. El creciente control del gasto en atención sanitaria hace que cada vez exista mayor presión a la hora de decidir adoptar o aplicar una determinada tecnología sanitaria (prueba diagnóstica, intervención, medicamento, etc).

Figura 1. El gasto sanitario total en porcentaje del PIB en la OCDE

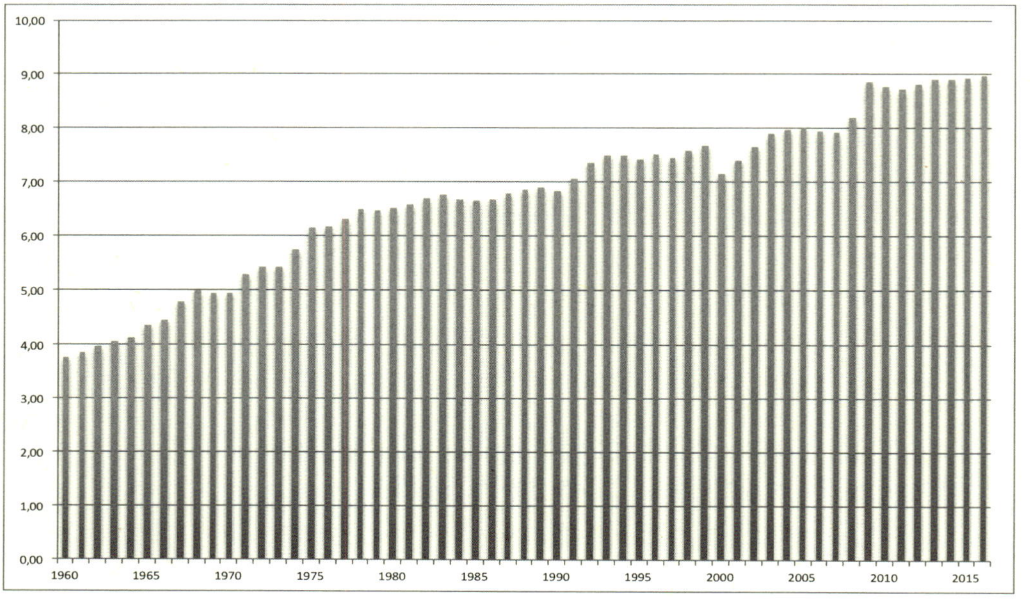

Fuente: Elaboración propia a partir de Health Statistics 2017[8]

Tabla 1. Gasto sanitario total en porcentaje del PIB en países de la OCDE

	1960	1970	1980	1990	2000	2010	2014	2015	2016
Australia		6	8,4	8,3	10,3	8,9	9,1	9,4	9,6
Austria	3,6		6,1	6,7	8	11,1	10,3	10,3	10,4
Bélgica	4,3	5,2	7,4	8,3	9,9	10,6	10,4	10,5	10,4
Canadá		3,9	6,3	7,2	8,1	11,1	10,0	10,3	10,3
Chile	5,4	6,9	7	8,9	8,8	7,1	7,7	8,1	8,5
República Checa					6,6	7,4	7,6	7,2	7,2
Dinamarca			3,7	4	4,5	11,1	10,3	10,3	10,4
Estonia			8,9	8,3	8,7	6,3	6,2	6,5	6,7
Finlandia					5,5	9	9,5	9,4	9,4
Francia					8,3	11,6	11,1	11,1	11,0
Alemania	1,5	3,5	5,3	6,5	7,2	11,6	11,1	11,2	11,3
Grecia	5,1	7,1	9	12,4	13,7	9,5	7,9	8,4	8,2
Hungría					5,3	8,1	7,1	7,2	7,6
Islandia	3,8	5,5	6,3	7,7	7,2	9,3	8,8	8,6	8,6
Irlanda	3,8	5,4	7	8,4	10,1	9,2	9,9	7,8	7,8
Israel		5,4	5,9	6,6	7,9	7,3	7,4	7,4	7,3
Italia					7	9,4	9,0	9,0	8,9
Japón	3,7	5,1	8,2	6,1	6,1	9,6	10,8	10,9	10,9
Corea	3	4,7	6,3	7,8	9,5	7,3	7,1	7,4	7,7
Luxemburgo			7,7	7,1	7,5	7,6	6,3	6,0	6,3
México				7,7	8,1	6,3	5,7	5,9	5,8
Países Bajos	3	4,5	6,4	5,9	7,7	11,2	10,9	10,7	10,5
Nueva Zelanda		3,1	5,2	5,4	7,5	10	9,4	9,3	9,2
Noruega				4,4	5,1	9,4	9,3	10,0	10,5
Polonia	2,9	4,4	7	7,6	8,4	7	6,2	6,3	6,4
Portugal		5,2	5,8	6,8	7,6	10,2	9,0	9,0	8,9
República Eslovaca			7,4	8	8	8,5	6,9	6,9	6,9
Eslovenia				4,8	5,5	9,1	8,5	8,5	8,6
España		2,4	5,1	5,7	9,3	9,6	9,1	9,2	9,0
Suecia	3,9	4,5	5,6	5,9	7	9,5	11,1	11,0	11,0
Suiza				4,7	6,5	10,9	11,6	12,1	12,4
Turquía		6,8	8,9	8,2	8,2	5,6	4,3	4,1	4,3
Reino Unido	4,9	5,5	7,4	8,2	10,2	9,4	9,8	9,9	9,7
Estados Unidos			2,4	2,7	4,9	17	16,5	16,9	17,2
Media OCDE	3,8	5	6,6	6,9	7,8	9,3	8,9	8,9	9,0

Fuente: elaboración propia a partir de OECD Health Statistics 2017[8]

En un entorno donde cada vez los recursos son más escasos, es esencial elegir entre las distintas alternativas posibles de forma racional. En este sentido, es indudable que el auge de la economía de la salud en los últimos 50 años está íntimamente ligado al notable aumento del gasto sanitario en los países de la Organización para la Cooperación y el Desarrollo Económicos (OCDE), tal como se aprecia en la Figura 1, ya que de 1960 a 2016 el porcentaje del gasto sanitario total como porcentaje del producto interior bruto (PIB) pasó del 3,79 al 9,0.

Por tanto, en 56 años el peso del gasto en sanidad se ha incrementado más del doble en porcentaje del PIB. De hecho, en la Tabla 1 podemos apreciar cómo para el año 1960 sólo disponemos de estadísticas para los países más industrializados de la OCDE, por lo que podemos pensar que el crecimiento del gasto sanitario total ha sido superior al mencionado anteriormente. En relación con España, el gasto sanitario representa el 9,0% de nuestro PIB, justo en la media de la OCDE.

A partir de la década de los setenta del pasado siglo, el crecimiento del gasto sanitario permite la entrada de los economistas en los problemas de la salud. Esta entrada se vio reforzada por las características propias del sector sanitario —altamente regulado y con frecuentes cambios en dicha regulación—, así como por la presencia de unas industrias suministradoras del sector, como la farmacéutica, con un papel muy destacado tanto en la financiación de la investigación como en la comunicación social. Las especiales características de la salud y de la atención sanitaria, con asimetrías en la información, incertidumbre, riesgo moral, incentivos y dificultades para la medición de la productividad, permitieron que los economistas viesen en la salud y en lo sanitario un campo muy interesante para aplicar los principios de su disciplina, teniendo un auge creciente y continuo.

En las figuras 2 a 4 se presentan los últimos datos de gasto sanitario disponible en la OCDE. De esta forma podemos apreciar que el gasto sanitario total representa en promedio en la OCDE el 9,0% del PIB, estando España en la media. En términos per cápita y utilizando la paridad de poder adquisitivo el gasto sanitario real por persona es en España es de 3.248 $, frente a la media de la OCDE que alcanza los 3.997 $ ajustados por la PPA.

Figura 2. El gasto sanitario total en porcentaje del PIB 2016

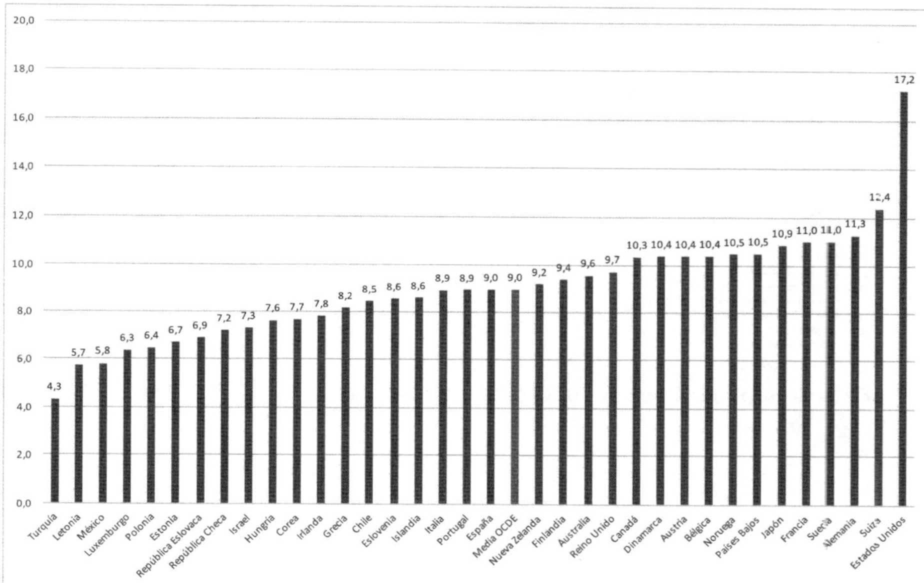

Fuente: Elaboración propia a partir de OECD Health Statistics 2017[8]

Figura 3. El gasto sanitario per cápita en $ 2016 PPA

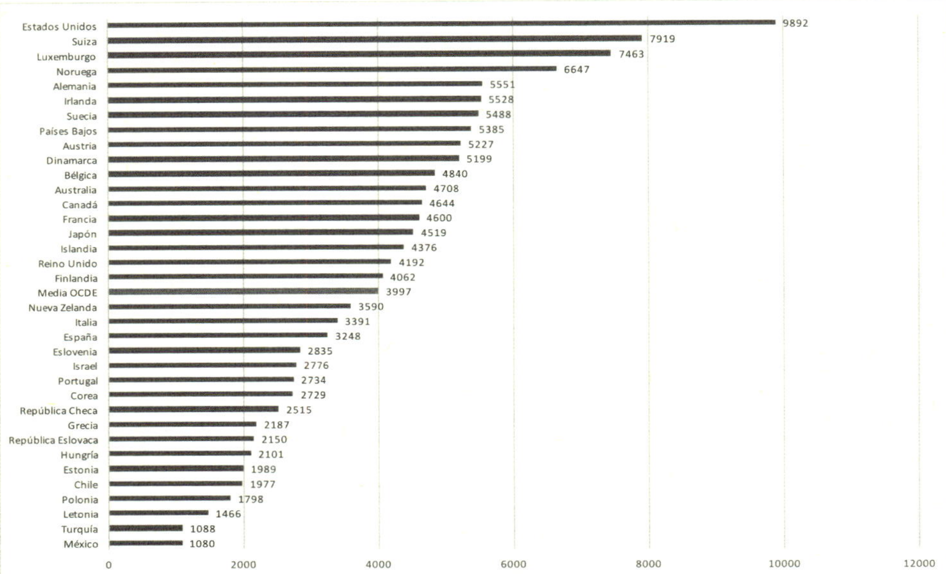

Fuente: Elaboración propia a partir de OECD Health Statistics 2017[8]

Figura 4. Porcentaje de gasto sanitario público y privado en 2016

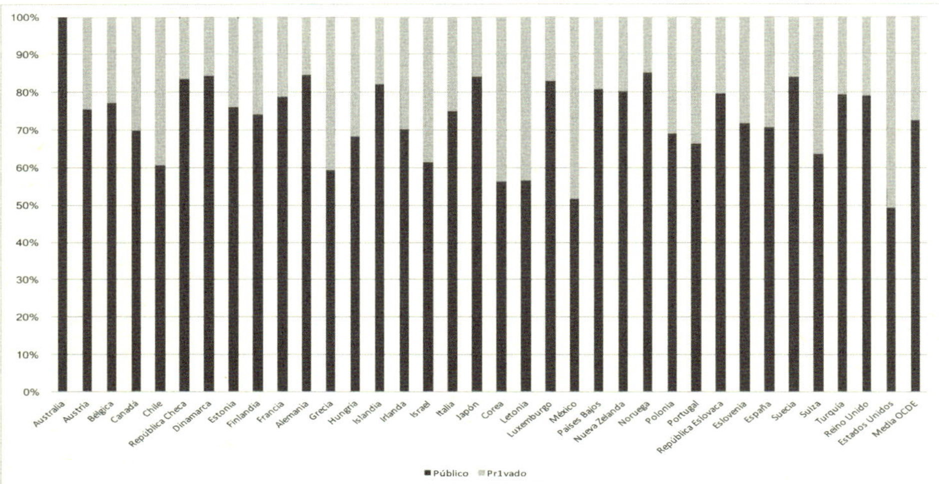

Fuente: Elaboración propia a partir de OECD Health Statistics 2017[8]

Tabla 2. Presupuestos iniciales de las Comunidades Autónomas

	Euros por habitante (*)										
	2007	2008	2009	2010	2011	2012	2013	2014	2015	2016	2017 (P)
COMUNIDADES AUTÓNOMAS	1.172,20	1.241,55	1.278,17	1.290,01	1.233,38	1.210,89	1.141,85	1.144,76	1.176,89	1.219,75	1.264,08
COMUNIDAD AUTÓNOMA DE ANDALUCIA	1.093,16	1.178,22	1.196,46	1.187,45	1.125,66	1.124,40	1.009,75	978,07	1.007,04	1.050,33	1.108,98
COMUNIDAD AUTÓNOMA DE ARAGÓN	1.263,96	1.317,93	1.399,57	1.419,18	1.375,45	1.381,70	1.210,75	1.205,82	1.206,60	1.366,85	1.441,38
PRINCIPADO DE ASTURIAS	1.256,63	1.277,57	1.448,55	1.522,57	1.442,25	1.444,36	1.391,67	1.402,35	1.425,36	1.463,45	1.586,64
COMUNIDAD AUTÓNOMA DE ILLES BALEARES	1.081,08	1.148,10	1.175,08	1.085,51	1.077,58	1.110,62	1.057,72	1.070,96	1.171,66	1.226,05	1.296,95
COMUNIDAD AUTÓNOMA DE CANARIAS	1.296,12	1.407,43	1.446,51	1.396,96	1.230,55	1.249,30	1.224,60	1.233,02	1.238,57	1.237,84	1.261,74
COMUNIDAD AUTÓNOMA DE CANTABRIA	1.269,52	1.307,51	1.357,34	1.352,42	1.234,41	1.272,31	1.310,35	1.338,67	1.347,59	1.383,27	1.385,71
COMUNIDAD DE CASTILLA Y LEÓN	1.212,32	1.311,49	1.337,20	1.381,26	1.360,01	1.351,59	1.289,14	1.282,35	1.321,88	1.347,95	1.431,13
COMUNIDAD AUTÓNOMA DE CASTILLA-LA MANCHA	1.220,72	1.296,46	1.380,44	1.400,12	1.340,65	1.237,79	1.166,53	1.151,82	1.174,73	1.286,40	1.291,77
COMUNIDAD AUTÓNOMA DE CATALUÑA	1.214,25	1.252,83	1.269,21	1.324,89	1.227,89	1.165,79	1.108,39	1.117,90	1.144,65	1.141,06	1.192,84
COMUNITAT VALENCIANA	1.060,05	1.107,04	1.136,20	1.146,43	1.103,23	1.096,38	995,39	1.084,35	1.112,02	1.198,04	1.232,88
COMUNIDAD AUTÓNOMA DE EXTREMADURA	1.349,29	1.468,28	1.569,10	1.540,79	1.426,19	1.370,43	1.190,78	1.207,96	1.286,60	1.453,70	1.453,15
COMUNIDAD AUTÓNOMA DE GALICIA	1.236,06	1.320,98	1.361,21	1.344,95	1.279,04	1.273,82	1.238,02	1.201,99	1.247,06	1.291,69	1.333,27
COMUNIDAD DE MADRID	1.070,04	1.116,87	1.125,62	1.111,04	1.115,75	1.116,24	1.108,63	1.094,47	1.142,07	1.159,65	1.179,10
COMUNIDAD AUTÓNOMA DE LA REGION DE MURCIA	1.133,85	1.243,71	1.285,67	1.365,51	1.386,80	1.233,66	1.071,83	1.110,44	1.126,15	1.190,86	1.206,25
COMUNIDAD FORAL DE NAVARRA	1.339,13	1.415,98	1.445,83	1.558,82	1.525,55	1.429,02	1.340,63	1.403,24	1.466,74	1.550,52	1.635,77
COMUNIDAD AUTÓNOMA DEL PAÍS VASCO	1.365,38	1.513,30	1.631,24	1.665,62	1.606,05	1.597,36	1.607,18	1.586,05	1.602,42	1.616,08	1.670,33
COMUNIDAD AUTÓNOMA DE LA RIOJA	1.339,91	1.265,30	1.256,91	1.286,20	1.204,43	1.140,63	1.090,19	1.113,59	1.127,12	1.169,63	1.199,98

(*): Datos de población correspondientes a las Cifras de Población publicadas por el Instituto Nacional de Estradística.

(P): Datos provisionales.

Fuente: Ministerio de Sanidad, servicios sociales e igualdad 2017

Por otra parte, en cuanto al mix público-privado nuestro país está en la media de la OCDE con un 70% del gasto sanitario público y un 30% privado. Para finalizar, señalar que la crisis económica ha tenido una influencia negativa sobre los presupuestos sanitarios de las CC.AA., ya que como se aprecia en la tabla 2, la inmensa mayoría está por debajo de los niveles de 2010. Otro elemento que ha presionado para la instauración de nuevas formas de gestión sanitaria.

Una vez vista la evolución reciente del gasto sanitario hay que analizar la fuente de recursos que permite dicho nivel de gasto, esto es, su financiación. La asistencia sanitaria en España es una prestación no contributiva cuya financiación se realiza a través de los impuestos y está incluida en la financiación general de cada Comunidad Autónoma, existiendo dos fondos adicionales, el de Cohesión gestionado por el propio Ministerio de Sanidad y Consumo y el Programa de Ahorro temporal en Incapacidad Temporal. La atención a la salud constituye uno de los principales instrumentos de las políticas redistributivas de la renta entre los ciudadanos españoles: cada persona aporta impuestos en función de su capacidad económica y recibe servicios sanitarios en función de sus necesidades de salud. La figura 5 recoge los flujos financieros del sistema sanitario español, como suma de los recursos públicos y privados que intervienen en los distintos niveles asistenciales y que configuran y definen sus características, mostrando también la forma en la que llegan los recursos financieros a los proveedores de servicios, bien como presupuestos globales, en forma de conciertos, mediante pago de precios por servicios o por estancia.

La reforma del sistema de financiación de la sanidad pública del año 2002, ha integrado la sanidad en el marco general de la financiación de las Comunidades Autónomas (Ley 21/2001)[10]. Los impuestos son la base de la financiación y representan un 94,07 por ciento de los recursos, que se distribuyen entre las Comunidades Autónomas (89,81%), la Administración Central (3,00%) las Corporaciones locales (1,25%) y las Ciudades Autónomas (0,01%).

Las cotizaciones sociales adscritas a la financiación de asistencia sanitaria suponen un 2,53% y recogen las dirigidas a las Mutuas de accidentes de trabajo y enfermedades profesionales y el Instituto Social de la Marina, en la parte correspondiente a las contingencias derivadas de accidentes de trabajo y enfermedades profesionales.

El régimen especial de asistencia sanitaria de los funcionarios públicos (las mutualidades MUFACE, MUGEJU e ISFAS) absorbe un 3,40 por ciento de los recursos del sistema, y su financiación presenta una composición mixta de cotizaciones sociales e impuestos.

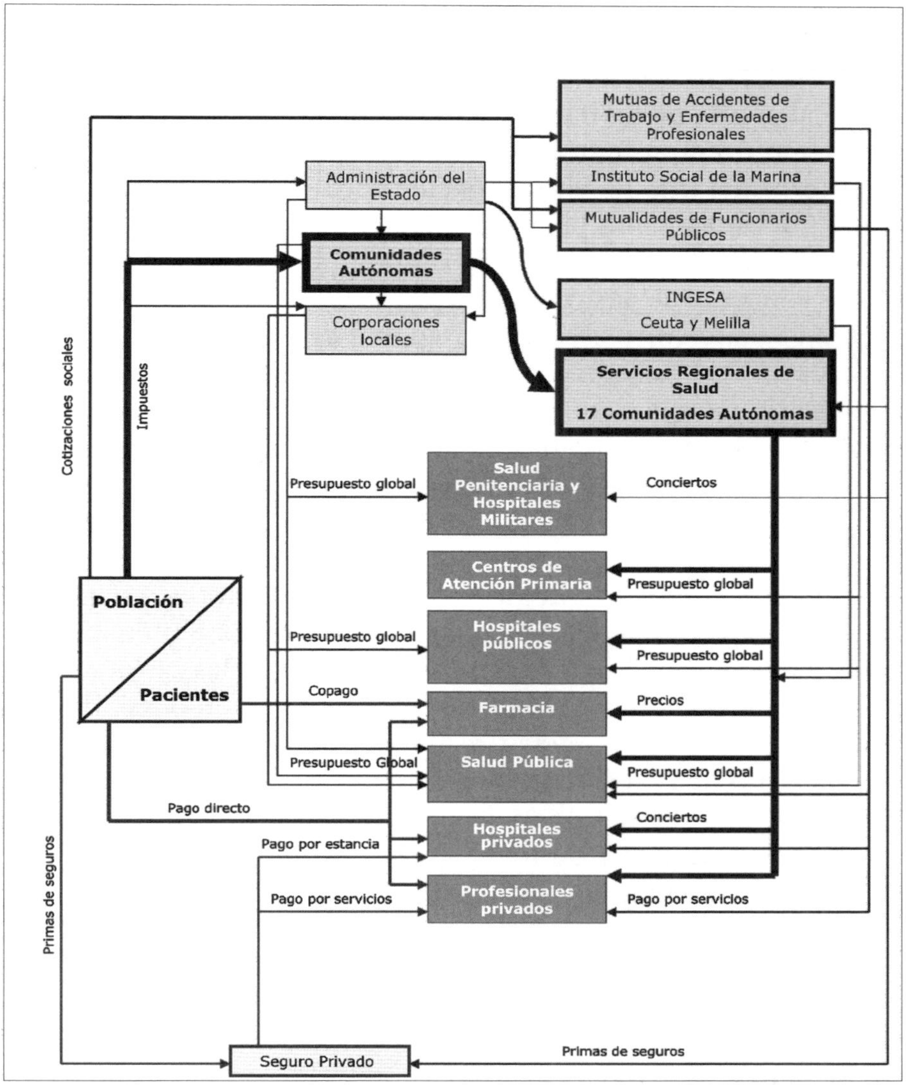

Fuente: Ministerio de Sanidad y Consumo. D.G. de Cohesión del Sistema Nacional de Salud y Alta Inspección. Elaborado por la Subdirección General de Análisis Económico y Fondo de Cohesión.

3. EL SISTEMA NACIONAL DE SALUD DE ESPAÑA: ORGANIZACIÓN ACTUAL

Respecto a las fórmulas de gestión, la mayor parte de los proveedores de servicios del SNS pertenecen al sector público y el modelo de gobierno predominante tiene muchos elementos de gestión directa heredados de la estructura integrada original. La principal herramienta de este modelo es el contrato programa firmado por la consejería de salud y el servicio regional de salud se traslada en cascada cada año a las estructuras gerenciales: los equipos gerenciales de cada área de atención primaria y área de atención especializada negociarán su contrato programa específico con el servicio regional de salud y, a su vez, cada uno de ellos negociará otro contrato programa con los equipos de atención primaria y la gerencia hospitalaria del área. Como es lógico, los objetivos, el presupuesto y el sistema de evaluación de estos contratos se derivan de los previstos en el contrato programa anual negociado entre el servicio regional de salud y la consejería de salud. De hecho, la inmensa mayoría de los proveedores finales de asistencia forman parte de la estructura del servicio regional de salud y no son entidades autónomas desde el punto de vista jurídico.

Por lo tanto, el contrato programa funciona como una herramienta de gestión por objetivos, incorporando incentivos para reforzar determinadas líneas estratégicas. No se establece ninguna sanción para el incumplimiento de los objetivos, ni tampoco se produce una transferencia real del riesgo a los proveedores. Sin embargo, su existencia justifica la intervención para identificar las causas de cualquier incumplimiento y corregirlo. Los equipos y, en ocasiones, profesionales individuales pueden recibir incentivos económicos por el cumplimiento de determinados objetivos estratégicos (por ejemplo, la prescripción racional de medicamentos, el uso de medicamentos genéricos, la reducción de los tiempos de espera en determinados procedimientos, etc.); no obstante, su importe es siempre marginal con respecto a la retribución total.

Además de este modelo imperante, existen, tal y como puede comprobarse en la figura 6, otras modalidades de gestión de los proveedores, en virtud de las que éstos siguen sometidos a la gestión directa, pero tienen personalidad jurídica propia diferenciada del servicio regional de salud. En la Figura 6 también se recopilan las distintas fórmulas jurídicas existentes. Todas estas fórmulas de gestión directa pueden clasificarse en función del tipo de régimen contractual, del personal y presupuestario. En un extremo se encontrarían las estrictas limitaciones impuestas por el derecho administrativo y, en el otro, los sistemas caracterizados por la existencia de entidades sujetas a derecho privado (aunque la titularidad puede seguir siendo pública y la misión de la organización continúa siendo el servicio público). La relajación de los estrictos límites impuestos por el derecho público y el paso al derecho privado puede afectar a todos o a alguno de estos tres elementos y ofrece a los gobiernos regionales una amplia gama de fórmulas de entre las que elegir. En la Tabla 1 se resumen las principales características de las actuales fórmulas de gestión directa.

La fórmula del consorcio se ha utilizado ampliamente en Cataluña (aunque no exclusivamente en esta comunidad autónoma) como mecanismo jurídico para agrupar las distintas administraciones que ya prestan servicios (principalmente atención hospitalaria) a una determinada población de referencia, o que poseen las estructuras necesarias para prestarlos, con el fin de alcanzar una prestación más eficiente. Algunos ejemplos son el Consorcio Hospitalario de Vic, el Consorcio Sanitario de Barcelona o la Corporación de Salud de El Maresme y La Selva, todas ellas en Cataluña.

Figura 6. Flujos financieros del sistema sanitario español desde la reforma del año 2002

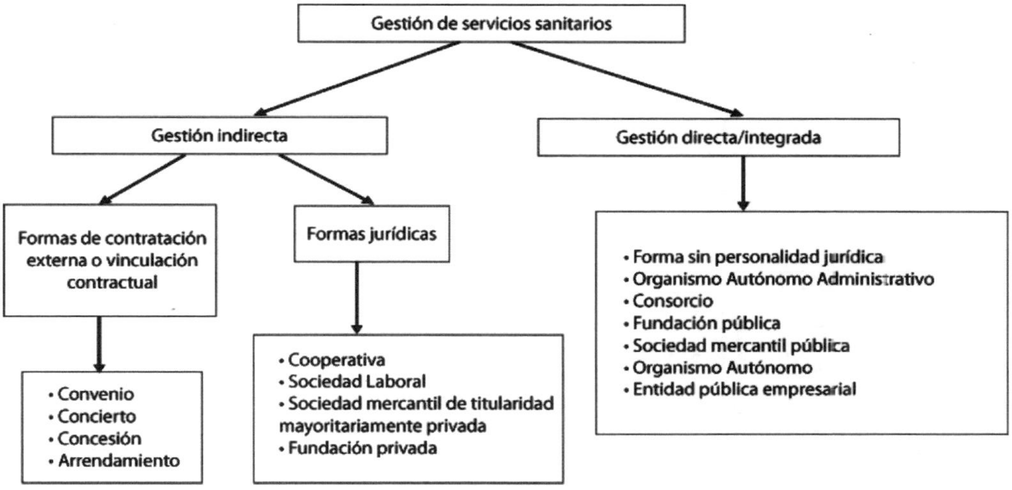

Fuente: España: Análisis del sistema sanitario 2010[11]

Tabla 3. Fórmulas de gestión directa de proveedores en el Sistema Nacional de Salud.

	Forma sin personalidad diferenciada	Organismo autónomo de carácter administrativo	Ente de derecho público (Ente público)	Consorcio	Fundación	Sociedad mercantil pública	Organismo autónomo	Entidad pública empresarial (EPE)
Legislación básica	Ley 6/1997, de Organización y Funcionamiento de la Administración General del Estado (LOFAGE). Leyes autonómicas	Estatutos de autonomía;Leyes autonómicas	Ley de creación; Leyes autonómicas	Reglamento de Servicios de Régimen Local y Ley de Bases de Régimen Local Real Decreto Legislativo 781/1986;Leyes autonómicas	Ley 30/1994 de fundaciones. Real Decreto 316/1996. Ley 50/2002 de fundaciones. Ley 49/2002 de Régimen fiscal de las entidades sin fines lucrativos y de incentivos fiscales al mecenazgo.	Ley 2/1995 de Sociedades de Responsabilidad Limitada o el Código de Comercio. Ley de Patrimonio del Estado.	Ley 6/1997, de Organización y Funcionamiento de la Administración General del Estado (LOFAGE).	Ley 6/1997, de Organización y Funcionamiento de la Administración General del Estado (LOFAGE).
Definición	Entidad territorial prestadora de servicios públicos sin personalidad jurídica diferenciada.	Entidad de Derecho público creada por ley, con personalidad jurídica y patrimonio propio, que actúa en régimen de descentralización administrativa y que tiene como función la organización y administración de un servicio público, de los fondos que tiene adscritos y de actividades y bienes.	Organización con personalidad y organización jurídica pública, pero que actúa en la gestión de sus recursos conforme al ordenamiento jurídico privado, creada para la prestación de un servicio público o para el ejercicio de funciones de autoridad.	Entidad dotada de personalidad jurídica y patrimonio propio, creada por diversos entes públicos de naturaleza territorial o institucional que pertenecen a escalones de la administración pública distintos. La legislación local también admite que puedan integrarse en ella entidades privadas sin ánimo de lucro.	Organización dotada de personalidad jurídica y constituida sin ánimo de lucro por personas físicas o jurídicas, públicas o privadas, que por voluntad de sus creadores tienen afectado de modo duradero su patrimonio a la realización de fines de interés general.	Sociedad mercantil en la que la administración pública o sus organismos públicos cuentan con la mayoría de acciones o participaciones.	Organismo autónomo que se rige por el Derecho administrativo y al que se encomienda en régimen de descentralización funcional y en ejecución de programas específicos de la actividad un ministerio, la realización de actividades de fomento, prestacionales o de gestión de servicios públicos.	Organismo público que realiza actividades prestacionales, la gestión de servicios o la producción de bienes de interés público susceptibles de contraprestación.
Régimen jurídico	Derecho público.	Derecho público.	Derecho público y privado.	Derecho público y privado.	Derecho público y privado.	Derecho privado (mercantil, civil y laboral).	Derecho público.	Derecho público y privado.
Forma de constitución	Mediante Real Decreto u orden, dependiendo del rango del órgano.	Ley para la creación y Decreto para la aprobación de los estatutos.	Ley de creación.	Real Decreto u orden.	Ley, Real Decreto u orden, dependiendo de la naturaleza del órgano que la crea.	Acuerdo del Consejo de Ministros.	Ley para la creación y Decreto para la aprobación de los estatutos.	Ley para la creación y Decreto para la aprobación de los estatutos.

Órgano de dirección	Titular nombrado por el órgano superior.	Según Ley de creación. Presidente o director nombrado por decreto. Consejo de administración.	Según Ley de creación. Presidente o director nombrado por decreto. Consejo de administración.	Junta general o Consejo de gobierno.	Patronato.	Consejo de administración.	Según Estatutos.	Según Estatutos.
Patrimonio	No tiene patrimonio propio.	Propio o cedido.	Propio y/o cedido.	Propio y/o cedido.	Propio y/o cedido.	Propio y/o cedido.	Propio y/o adscrito.	Propio y/o adscrito.
Contratación	Ley 30/2007, de Contratos del Sector Público	Ley 30/2007, de Contratos del Sector Público	Ley 30/2007, de Contratos del Sector Público	Derecho privado. Principios de publicidad y concurrencia.	Derecho privado (salvo contratos de obras y servicios elevados).	Derecho privado.	Ley 30/2007, de Contratos del Sector Público	Ley 30/2007, de Contratos del Sector Público
Régimen jurídico del personal	Funcionario o estatutario (laboral para determinados nuevos contratos de carácter fijo o indefinido)	Funcionario o estatutario (laboral para determinados nuevos contratos de carácter fijo o indefinido)	Derecho laboral (funcionario o estatutario, si lo establece la Ley de creación)	Funcionario/ estatutario/laboral. (funcionario o estatutario, si lo establece la Ley de creación)	Derecho laboral.	Derecho laboral.	Funcionario o laboral	Derecho laboral.
Experiencias	Agencia de Evaluación de Tecnología Andaluza, Servicio Valenciano de Salud, Unidades clínicas.	Servicio Andaluz de Salud, Servicio Navarro de Salud, Servicio Gallego de Salud, etc.	Servicio Catalán de Salud, Servicio Vasco de Salud (Osakidetza), Hospital Costa del Sol, Empresa pública de Emergencias Sanitarias, hospitales de Poniente, de Andújar, de Pallars, de Mora de Ebre.	Consorcio Hospitalario de Vic, de Parc Taulí, Consorcio Sanitario de Barcelona, Sanitario de Mataró.	Hospitales de Verín, Manacor, Alcorcón, Cee, Barbanza de Ribeira, Villagarcía de Arosa, Centro Gallego de Transfusiones.	Hospital San Jaime de Calella, Escuela Andaluza de Salud Pública.	Agencia Española de Medicamentos y Productos Sanitarios.	No hay.

Fuente: España: Elaboración propia a partir de Análisis del sistema sanitario 2010[11]

Las fundaciones públicas constituyen una variante concreta de estas fórmulas de gestión directa creada por la Ley 30/1994 de fundaciones y de incentivos fiscales a la participación privada en actividades de interés general[12]. Las fundaciones hospitalarias son entidades con personalidad jurídica propia, gestionadas por un consejo supervisado por las autoridades sanitarias públicas (los mismos organismos que contratan sus servicios y, por lo tanto, deciden sus ingresos). Algunos hospitales de Baleares, Galicia y Madrid han adoptado esta modalidad jurídica. Conviene destacar que esta fórmula se ha aplicado sobre todo para la puesta en marcha de nuevos hospitales, sin que sea habitual la conversión de instituciones ya existentes en fundaciones.

En los últimos años noventa y primeros dos mil se han realizado algunas innovaciones más en el ámbito de la organización, destinadas a mejorar la calidad de la atención y a fomentar la participación de los profesionales sanitarios en la toma de decisiones. Así, se han creado varios institutos clínicos (que agrupan distintos servicios sujetos a coordinación interna) y unidades clínicas. Estas entidades han generado un amplio catálogo de experiencias de delegación de poderes, mediante distintas modalidades y en grados diferentes, a grupos clínicos. Como ejemplos de institutos clínicos se pueden citar el Instituto de Enfermedades del Corazón del Hospital Ramón y Cajal de Madrid, el Instituto Oncológico del Hospital Virgen de la Arrixaca en Murcia y el Área del Corazón del Hospital Juan Canalejo de A Coruña, Galicia. El Hospital Virgen del Rocío en Andalucía se ha reorganizado totalmente en departamentos o institutos clínicos tras un cambio de la lógica de gestión clínica.

En cuanto a las fórmulas de gestión indirecta, en la mayoría de las comunidades autónomas la concertación externa está limitada a la realización de pruebas diagnósticas complementarias y procedimientos ambulatorios, así como a servicios auxiliares, como el servicio de comidas en hospitales, la lavandería, el mantenimiento, la limpieza y la seguridad. De hecho, la contratación con empresas privadas de la prestación de servicios auxiliares se ha convertido en una práctica bastante generalizada, hasta tal punto que la prestación integrada se está abandonando en la mayor parte del sistema. Estos contratos, sujetos a licitación pública, suelen adoptar la forma de una concesión a una entidad privada que prestará dichos servicios específicos, con medios ajenos a los de la administración pública, en las instalaciones públicas. La administración pública se reserva la facultad de inspeccionar el cumplimiento de las condiciones de prestación pactadas. La duración de la concesión puede variar, pero en general se trata de contratos plurianuales.

Por otra parte, cuando se trata de servicios clínicos, la fórmula de contratación más habitual es el concierto con proveedores privados para la prestación de servicios quirúrgicos o de diagnóstico muy concretos. Los proveedores pueden estar constituidos con arreglo a cualquiera de las fórmulas jurídicas enumeradas en la Figura 6 bajo el título gestión indirecta. Una vez que se contrata un servicio mediante cualquiera de estas fórmulas, los profesionales de la estructura del servicio regional de salud identifican a los pacientes que lo necesitan. A continuación, los pacientes pueden remitirse al proveedor privado (normalmente dependiendo de la prioridad o simplicidad relativa de su problema), que realiza la intervención y devuelve al paciente al sistema. Con carácter general, estos proveedores son retribuidos mediante un sistema de «pago por acto médico». En el contrato puede fijarse un umbral mínimo por volumen de casos en función de la necesidad estimada. Los importes a pagar por ese paquete acordado pueden basarse en tarifas distintas, que se negocian anticipadamente. La contratación externa de servicios está relacionada con frecuencia con la reducción de las listas de espera. Sin embargo, en algunos casos puede estar vinculada a la decisión de comprar servicios de alta tecnología para una población determinada a un proveedor privado ya instalado, en lugar de soportar los costes de instalación de nuevo equipo.

Dos de las fórmulas jurídicas que pueden adoptar los proveedores en el modelo de gestión indirecta merecen una descripción más detallada debido a su peculiaridad. La primera es la de las entidades de base asociativas (en catalán, Entitats de Base Associativa (EBA)); estas entidades se introdujeron en Cataluña en la década de los 90 en el marco de la experimentación con el modelo británico de «GP-fundholders» (grupos de médicos de familia destinatarios y gestores de un presupuesto en función de la población atendida). Una EBA es un grupo de profesionales de atención primaria constituido como sociedad con personalidad jurídica propia. Las EBA firman un contrato con el servicio regional de salud por el que se comprometen a gestionar una zona básica de salud, convirtiéndose en el equipo de atención primaria de referencia. También se les puede otorgar un presupuesto para la compra de productos intermedios y de consultas externas especializadas. En el contrato se introducen de forma explícita mecanismos de corresponsabilidad financiera.

La segunda fórmula jurídica ha dado lugar a las experiencias más radicalmente innovadoras (y también más controvertidas) en la organización de la prestación sanitaria. Se trata de la concesión administrativa a una sociedad o a una unión temporal de empresas (UTE) de la prestación sanitaria a un área de salud entera. El modelo se introdujo por primera vez en el área de Alzira en Valencia. En 1999, el gobierno valenciano adjudicó en régimen de concesión administrativa la prestación de atención hospitalaria en Alzira a una UTE que encabezaba la aseguradora privada Adeslas. El adjudicatario presta casi toda la atención sanitaria con financiación pública en Alzira, al estar incluida tanto primaria como especializada. El nuevo concurso se adjudicó a la misma UTE que anteriormente gestionaba la atención hospitalaria, en esta ocasión con una duración prevista de 15 años, hasta 2018. En teoría, los ciudadanos tienen la posibilidad de elegir donde van a ser atendidos. Así, si un paciente de Alzira decide recibir atención fuera del área integrada, el adjudicatario debe reembolsar al proveedor alternativo el 100% del coste medio por GRD. Si se da la situación inversa, es decir, si un paciente de otra área quiere que se le atienda en Alzira, el servicio regional de salud reembolsaría al adjudicatario el 80% del coste medio por GRD.

CONCLUSIONES

Todos los estudios internacionales están de acuerdo en señalar que España cuenta con un gran sistema público de salud que tiene por delante numerosos retos que amenazan su viabilidad y sostenibilidad. La necesidad de ofrecer resultados en salud con unos niveles de calidad y eficiencia hace que sean necesarias nuevas formas de gestión.

Por este motivo, en muchos países de nuestro entorno al igual que en España se hace imprescindible la presencia de la iniciativa privada, ya que permite disponer de herramientas de gestión que favorecen la sostenibilidad a largo de plazo del sistema sanitario público. Las dudas que sobre este aspecto se han vertido en los últimos tiempos, parece que tienen más un carácter ideológico que técnico, ya que, como se pondrá de manifiesto en los próximos capítulos, existen numerosos estudios de diferentes consultoras y organismos independientes en los que se plantea la colaboración público privada como una de las alternativas más válidas para hacer frente al problema de la sostenibilidad del Sistema nacional de Salud. Sólo con la colaboración entre lo público y lo privado en sanidad será posible garantizar la sostenibilidad de un sistema universal. Por todo ello, creemos que la colaboración público privada es un área que va a seguir expandiéndose, etc.

Referencias bibliográficas

1. España. Constitución Española. *Boletín Oficial del Estado.* 29 de diciembre de 1978;311:31229- 31266.
2. España. Ley 14/1986, de 25 de abril, General de Sanidad. *Boletín Oficial del Estado.* 29 de abril de 1986;102:10499- 10536.
3. España. Ley 16/2003, de 28 de mayo, de cohesión y calidad del Sistema Nacional de Salud. *Boletín Oficial del Estado.* 29 mayo 2003 128: 20567-20588.
4. España. Ley 29/2006, de 26 de julio, de garantías y uso racional de los medicamentos y productos sanitarios. *Boletín Oficial del Estado.* 27 julio 2006;178:28122- 28165.
5. España. Ley 33/2011, de 4 de octubre, General de Salud Pública. *Boletín Oficial del Estado.* 5 de octubre de 2011;240:104593-104626.
6. España. Real Decreto Ley 16/2012, de 20 de abril, de medidas urgentes para garantizar la sostenibilidad del Sistema Nacional de Salud y mejorar la calidad y seguridad de sus prestaciones. *Boletín Oficial del Estado.* 24 de abril de 2012;98:31278-31312.
7. Martínez-Giralt X. Colaboración público-privada en sanidad. *CUADERNOS DE INFORMACIÓN ECONÓMICA.* 2013;235(julio):61-68.
8. OECD. OECD Health Statistics 2017. In: Paris 2017.
9. Ministerio de Sanidad Servicios Sociales e Igualdad. Sistema Nacional de Salud. España 2017 [monografía en Internet]. In: Madrid. Disponible en: www.msssi.gob.es: Ministerio de Sanidad, Servicios Sociales e Igualdad; 2017.
10. España. Ley 21/2001, de 27 de diciembre, por la que se regulan las medidas fiscales y administrativas del nuevo sistema de financiación de las Comunidades Autónomas de régimen común y Ciudades con Estatuto de Autonomía. *Boletín Oficial del Estado.* 31 diciembre 2001;313: 50383- 50419.
11. García Armesto S, Abadía Taira MB, Durán A, Hernández Quevedo C, Bernal Delgado E. España: Análisis del sistema sanitario 2010. Sistemas sanitarios en transición. In: Vol 12(4). Observatorio Europeo de Sistemas y Políticas de Salud; 2011.
12. España. Ley 30/1994, de 24 de noviembre, de Fundaciones y de incentivos fiscales a la participación privada en actividades de interés general. *Boletín Oficial del Estado.* 25 de noviembre 1994; 282:36146-36164.

IV. EL MODELO ECONÓMICO DE LA SALUD PÚBLICA EN ESPAÑA

Lorenzo Dávila
Economista

1. INTRODUCCIÓN

En las últimas décadas se ha producido un debate sobre la idoneidad o no de la participación del sector privado en la provisión de servicios públicos como la salud pública, en el que muchas de las conclusiones y los argumentos con los que decidir por uno u otro modelo se han visto condicionadas por el ambiente ideológico en el que esta toma de decisiones se ha desarrollado, dejando muchas veces de lado aquellos criterios más técnicos que tiene que ver tanto con la eficacia, los más desarrollados, como con la eficiencia —donde se pueden encontrar estudios relacionados con la eficiencia técnica pero menos sobre la eficiencia asignativa— o la sostenibilidad del modelo económico que acompaña a la prestación del servicio de salud pública donde la clara predominancia de los análisis estáticos han dejado de lado el estudio dinámico del mismo que permitan hablar de algo tan importante, especialmente en una economía como la española en la que nos enfrentamos a una pirámide poblacional invertida, lo que constituye un claro presagio de dificultad en el medio y largo plazo. No olvidemos que la demanda de servicios de salud crece exponencialmente con los años.

Esto nos lleva a pensar que en un contexto como el que nos enfrentamos a futuro, y en medio de un proceso de cambio tecnológico basado en el desarrollo de un entorno digital de gestión de grandes conjuntos de información junto con la inteligencia artificial, modelos centrados en la eficiencia de los recursos y con capacidad de rápida respuesta al cambio, que son los que tradicionalmente abandera el sector privado, tiene mucho que aportar a modelos más basados en estructuras de presupuesto, abanderados por el sector público, mucho más complejos de gestionar, así como con recursos humanos fijos con menor capacidad de adaptación al cambio.

Como el propio concepto implica cuando hablamos de colaboración público privada, esta se trata de un mecanismo aditivo, de sumar esfuerzos mediante un sistema de redistribución de riesgos y capacidades, donde cada uno aporta aquello en lo que tenga una ventaja competitiva.

Para iniciar este análisis es necesario contar con una definición de la colaboración público privada, que sirva de marco de referencia para evaluar las cuestiones pertinentes a esta modalidad que se puede encajar dentro del concepto «New Public Management»[25]. La colaboración público privada se puede definir como:

«las diferentes formas de cooperación entre las autoridades públicas y el mundo empresarial, cuyo objetivo es garantizar la financiación, construcción, renovación, gestión o el mantenimiento de una infraestructura o la prestación de un servicio» (Comisión Europea, 2004).

Por su parte dentro de la regulación española, precisamente en el art. 11 de la Ley de Contratos del Sector Público (LCSP), se hace referencia al instrumento por medio del cual se perfecciona la colaboración entre el sector público y privado en diferentes ámbitos.

25 «La Nueva Gestión Pública» es un término utilizado por primera vez por los académicos del Reino Unido y Australia (Hood 1991 y Hood y Jackson 1991), representó un intento por hacer que el sector público fuera más práctico y que pudiese mejorar la eficiencia del Gobierno, tomando ideas y modelos de gestión empresarial del sector privado. Se destacó el foco en los ciudadanos que eran los receptores de los servicios o clientes del sector público.

«Son contratos de colaboración entre el sector público y el sector privado aquellos en que una Administración Pública o una Entidad pública empresarial u organismo similar de las Comunidades Autónomas encarga a una entidad de derecho privado, por un período determinado en función de la duración de la amortización de las inversiones o de las fórmulas de financiación que se prevean, la realización de una actuación global e integrada que, además de la financiación de inversiones inmateriales, de obras o de suministros necesarios para el cumplimiento de determinados objetivos de servicio público o relacionados con actuaciones de interés general [...]».

Como se aprecia en el resto de la literatura al respecto, no existe una definición unificada de CPP con lo cual es necesario partir de las principales características genéricas que han ido conformándose en la medida que ha ido evolucionando en los últimos años, principalmente desde el Reino Unido y Canadá principales promotores de este modelo de financiación y operación de servicios que en primera instancia debería proveer el sector público.

Principales Características de la CPP

La colaboración pública privada es una opción alternativa a la privatización y al modelo tradicional de contratación del Estado (Ver la Ley de Contratos del Sector Público). Las principales características de este tipo de asociación entre el estado y el sector privado recaen principalmente en cuatro aspectos fundamentales:

a) La duración de los contratos. Estos contratos bajo la LCSP pueden tener una duración de hasta 20 años. No obstante, cuando por razón de la prestación principal que constituye su objeto y de su configuración, el régimen aplicable sea el propio de los contratos de concesión de obra pública, se estará a lo dispuesto en el artículo 268 LCSP sobre la duración de éstos, los cuales pueden incrementar su plazo hasta los 40 años. La principal razón de la duración de este tipo de contratos recae en la incapacidad de los Estados para hacer frente a sus inversiones. Por tanto, se apoyan en el sector privado para diferir en el tiempo los costes de dichas infraestructuras, los cuales serán atribuibles a distintas generaciones de contribuyentes.

b) Modo de Financiación. Los mecanismos de financiación son una característica relevante de esta modalidad de contratación. En primer lugar, la premisa para el inversor privado será la de maximizar su rentabilidad con lo cual este se apoyará en el mayor grado de apalancamiento posible, puesto que tiene como garante los pagos del Estado (siempre que cumpla con las obligaciones y asunción de riesgos que veremos más adelante). No hay que olvidar que estamos hablando de servicios públicos, lo cual genera un mayor compromiso por parte del Estado como garante y del sector privado como prestados del servicio para salvaguardar los principios de los servicios públicos amparados en la regulación española (la universalidad, la regularidad y la calidad, entre otros). Por tal motivo el sector privado promueve el principio de *«Value for money» (VFM)*, el cual se relaciona con el concepto de eficiencia y que podríamos entender como *«Relación Calidad-Precio»* en un amplio sentido. En referencia a este término *«La National Audit Act del Reino Unido (1983) definía el concepto de VFM como la economía, eficiencia, y eficacia con las que una entidad ha utilizado sus recursos para conseguir sus objetivos»* (De Carlos, et al., 2009).

   La garantía que otorga que el Estado es quien paga directamente al socio privado por la infraestructura desarrollada y por los servicios prestados[26], influye notablemente en la estructura de financiación ya que de esta forma el socio privado puede acudir a estructuras a medida como el «Project Finance», el cual puede adecuar la atención de la deuda a los flujos de caja que genera el propio proyecto.

c) Asignación de Tareas y Riesgos. Se puede entender este apartado como el aporte innovador de la CPP respecto a los otros mecanismos denominados como tradicionales amparados en la LCSP. Si bien la asignación de tareas se basa en el concepto de «Know-How», donde el Estado se apoya en las buenas prácticas

---

26 Principal diferencia con el modelo de concesión a nivel europeo el cual se caracteriza por la existencia de un vínculo directo entre el socio privado y el usuario final. Ej.: Las autopistas de peaje. En España el contrato de concesión permite la distribución del riesgo y la introducción de mecanismosde financiación equivalentes a los del modelo de Iniciativa de Financiación Privada,

gerenciales, la capacidad de innovación e inversión del sector privado para que sea un mecanismo de promoción en materia de asignación eficiente de los recursos. Así mismo se reconoce que el Estado no puede dejar a un lado su capacidad supervisora, ya que la CPP es un complemento, pero no un sustituto en la dotación de servicios públicos de calidad, por ello se reconoce que el Estado debe estar atento en materia de supervisión ya que en caso de fallos por parte del socio privado el Estado deberá contar con la capacidad de asumir el ejercicio de dichas funciones previamente delegadas. Por tanto, bajo este principio de saber hacer se delega en terceros que han demostrado su capacidad de gestión la prestación de servicios públicos.

Por su parte la gestión del riesgo, es algo determinante no solo como característica de esta tipología de contratación, sino que hace parte de los determinantes fiscales y de déficit de los Estados a nivel europeo. Eurosat (SEC 95 y SEC 2010) hace una clasificación general de los riesgos de un proyecto haciendo referencia a dos grandes categorías: Los riesgos que afectan el proceso de construcción de la infraestructura que se denominan riesgos de construcción y en segundo lugar los riesgos relacionados con la realización de la actividad: Disponibilidad y Demanda. La idea esencial que preside este esquema de funcionamiento es que un proyecto de CPP no compute a efectos de un mayor déficit público. Lo anterior se obtiene transfiriendo el riesgo de construcción al socio privado y al menos uno de los dos riesgos de actividad, bien sea el de demando o el de disponibilidad. Por tanto, aparte del principio de asignación de los riesgos a quien mejor los pueda gestionar o asumir, encontramos los condicionantes en cuanto al déficit público lo cual genera un doble incentivo para promover por parte de los gobiernos este tipo de medidas las cuales cobran mucha relevancia en periodos de recesión donde los Estados no pueden dejar a un lado la inversión en servicios públicos.

d) El mecanismo de remuneración al sector privado. El avance que ofrecen las fórmulas de remuneración de la CPP, más allá de la retribución por demanda observada en infraestructura (peajes en la sombra), hace referencia al cumplimiento de unos estándares de disponibilidad y calidad de los cuales dependerá la remuneración del socio privado. Estos estándares deberán ser acreditados por el prestador privado de los servicios, previamente establecidos por el estado quien ejerce a su vez las funciones de supervisión en cuanto al cumplimiento de los objetivos de calidad y disponibilidad acordados. Con este alcance se puede llegar a ofrecer bajo la figura de CPP servicios como sanidad, carcelarios, entre otros.

En última instancia lo que permite la CPP es trasladar las buenas prácticas gerenciales del sector privado a la prestación de los servicios públicos, bajo unos criterios que deben ser supervisados y reglados por el Estado. Por lo anterior esta figura ofrece un avance en materia de supervisión, ya que esta función recae exclusivamente sobre el Estado, separando la regulación de la prestación del servicio, lo que puede suponer conflicto de interés en la medida que recae en manos del Estado tanto la supervisión como la prestación del servicio. Por su parte el buen gobierno corporativo del sector privado, se encargará de componer una cultura enfocada a preservar la calidad de los servicios prestados con los recursos estrictamente necesario para ello a fin de cumplir con los estándares de calidad, con los niveles de satisfacción de los usuarios y que a su vez permita obtener la rentabilidad esperada por parte del socio privado, todo, por tanto guiado por estrictos criterios de eficiencia.

Por otro lado, no debemos pasar por alto el concepto de «Servicio Público». Si bien la sanidad, no es un bien público puro, en algunas situaciones si puede obtener esta calificación ya que en España no es frecuente la exclusión de este servicio. para considerar un «bien público» como «puro», debe cumplir dos condiciones necesarias: (i) la no disminución del bien o servicio ofertado como consecuencia de su consumo o prestación y (ii) la imposibilidad de exclusión de otros usuarios mediante el acto de consumo o prestación. De esta manera se define al bien público como aquel que no disminuye su disponibilidad en la medida que las personas lo consumen o hacen uso de este, y que proporciona beneficios no excluibles para todas las personas en una determinada sociedad (Rozas & Bonifaz, 2014).

Las mencionadas características de los «bienes públicos», las distintas corrientes económicas y las situaciones coyunturales a lo largo del tiempo, han sido determinantes en el planteamiento de un problema que a nuestros días sigue sin tener un criterio unificado y es el de identificar si este tipo de servicio se presta de manera más eficiente por parte del Estado o por medio de un operador privado. En Europa la actividad Empresarial del Estado principalmente se fundamenta en la declinación de las doctrinas liberales del siglo XIX y principalmente por la eliminación prácticamente total del sistema productivo tanto por la primera guerra mundial como por la crisis de 1920, donde a partir de ello tomo relevancia el pensamiento Keynesiano dentro de la teoría económica, centrado en el papel fundamental que se otorgó al gasto público como instrumento fundamental para la reactivación de la demanda. Por lo anterior el Estado se reforzó como principal promotor económico y como productor de diversos bienes y servicios.

Respecto a la teoría económica la participación del Estado como prestador o productor de servicios y bienes a través de empresas públicas, se justifica consistentemente en los llamados «fallos de mercado» en actividades que son consideradas de interés público, estos «fallos de mercado» corresponden por ejemplo a la existencia de monopolios naturales, la producción de bienes públicos y las externalidades e imperfecciones del propio sistema competitivo.

Sin embargo, la participación del Estado como prestador o productor de servicios y bienes se enfrenta a críticas contrastadas que se centran en los propios modelos de gestión pública que podrían verse influenciados por el clientelismo, y que la fijación de las tarifas por debajo de su coste ayudaría a la protección del electorado del grupo político que ostentase el poder sin tener en cuenta la sostenibilidad de la prestación del servicio. Al respecto Ariño Ortiz (2003), que ha tratado con mucho énfasis el papel del estado como prestador de servicios señala que «por encima de un cierto margen apropiado de actividad gubernamental total se ahoga a la empresa privada, disminuye la productividad y se acaba la prosperidad». Este autor identifica aspectos que a su criterio explican los resultados de la gestión pública en Europa: vinculación de empresas públicas a objetivos políticos y sociales, falta de excedentes empresariales, nula aportación del sector público a la colectividad, bien por vía de dividendo o de la remuneración del capital invertido, utilización de las empresas públicas como instrumento de políticas, falacia de la socialización de las ganancias e ineficiencia y escaza productividad, entre otras.

2. ANTECEDENTES

Si nos remitimos a los fundamentos del principio de «seguridad social», tenemos que hacer referencia a las características de los dos principales modelos de gestión, ya mencionados en este libro, que han dado lugar a los actuales sistemas de asistencia y bienestar social. Hacemos referencia por tanto, al modelo «Bismark» y al modelo «Beveridge».

El modelo «Bismark» toma su nombre del alemán Otto Von Bismark (1815-1898), conocido como el canciller de hierro. Este controvertido actor político contribuyó con sus leyes sociales —que cubrían los seguros por enfermedad y accidentes y la jubilación— a mantener la estabilidad en Europa y principalmente en Alemania a finales del siglo XIX. La paz social establecida por Bismark hizo crecer la economía alemana durante las décadas siguientes de manera espectacular amenazando la supremacía británica por esos años.

Bismark declarado opositor de un sistema de capitalización, diseño un modelo de relación bilateral, en donde a cambio de una contribución aportada por el asegurado, le es acordada una indemnización en caso de sufrir alguno de los riesgos cubiertos. Además, el empleador debe aportar una contribución proporcional a la del asegurado y los seguros acordados no son facultativos, sino obligatorios (UNAM, 2012).

Otra característica del modelo de Bismark, son la proporcionalidad entre el monto de las cotizaciones aportadas y las prestaciones recibidas, por otra parte, se resalta la obligación del empleador y de los trabajadores a contribuir en la financiación de la seguridad social y a la obligación del empleador a responder por los riesgos sociales que puedan sufrir los trabajadores.

Por su parte en Inglaterra a finales del siglo XIX, contaban ya con algunas leyes sobre seguridad social, tal como la Ley de Indemnización de los Trabajadores establecida en 1897, pero no fue hasta 1912 que se establecieron los seguros sanitarios obligatorios y de desocupación los cuales se generalizaron a partir de 1920.

El modelo «Beveridge» nace debido a la necesidad por parte del gobierno inglés de crear una comisión interdepartamental para la seguridad social y servicios afines encargada de Sir William Beveridge. El propósito de esta comisión fue la realización un estudio detallado y analítico de todos los aspectos del seguro social y servicios afines y de las leyes vigentes a la fecha del encargo, encontrando deficiencias en la asignación de las prestaciones entre los menos favorecidos y resaltando la falta de coordinación administrativa entre los distintos servicios.

En base a sus apreciaciones Beveridge se inclinó por que las prestaciones se obtuviesen a cambio de contribuciones únicas y uniformes, independiente del nivel de renta del asegurado bajo el principio de universalidad de la prestación de los servicios sociales básicos (salud, desempleo, jubilación), dando lugar al principio contributivo de la seguridad social, ya que su financiamiento se basa en impuestos y cotizaciones destacando su carácter contributivo.

Modelo Bismarck	Modelo Beveridge
1. La cobertura depende de la condición laboral del individuo. 2. Se caracteriza por un régimen de seguros múltiples. 3. La financiación depende de las contribuciones del asegurado, del empleador y en ocasiones del Estado. 4. Hay una administración diferenciada de cada riesgo, e incluso de los colectivos asegurados.	5. Tendencia hacia la universalización. 6. Se basaba en la unificación de los riesgos, la protección deriva de la situación genérica de necesidad. 7. La financiación depende en su mayoría del presupuesto del Estado. 8. Se busca una gestión administrativa unificada y pública.

Fuente: (UNAM, 2012)

3. LA DISYUNTIVA DE LA GESTIÓN PÚBLICA VS. PRIVADA

Numerosos estudios se han llevado a cabo en referencia al impacto del modelo de gestión en la prestación de servicios sanitarios dentro del concepto de seguridad social, sin tener un claro consenso del impacto en aspectos críticos como la eficiencia en costes y los principales indicadores de salud y bienestar social. En este capítulo intentamos brindar una visión crítica y objetiva al margen de las percepciones ideológicas que pueden otorgar un sesgo al diagnóstico que podría repercutir de forma no deseada en las políticas que se puedan tomar para proveer al sistema sanitario de los recursos necesarios para que pueda cumplir sus objetivos de calidad, universalidad, bienestar social y de sostenibilidad.

En España coexisten diversos modelos de gestión(Sanchez, et al., 2013), los cuales son coordinados por parte del Ministerio de Sanidad, Servicios Sociales e Igualdad el cual se encarga entre otros del ejercicio de las competencias de la Administración General del Estado para asegurar a los ciudadanos el derecho a la protección de la salud. Esta diversidad está amparada la propia constitución art. 128.2 donde reconoce las acciones necesarias para atender los servicios esenciales, Ley 14/1986, de 25 de abril, General de Sanidad (LGS). y en la Ley de Contratos del Sector Público (LCSP), aprobado por Real Decreto Legislativo 3/2011, de 14 de noviembre, entre otras. Las distintas modalidades y formulas aplicadas por el gobierno de España para mejorar y mantener el sistema se seguridad social dan un paso con el traspaso a las Comunidades Autónomas (en adelante CCAA) de las competencias en materia de sanidad, Cataluña, País Vasco y Andalucía las primeras (1981, 1984, 1984) hasta 2001 donde se extendió al resto de CCAA. Aparte de la gestión directa, se han venido explorando otra serie de alternativas en España amparadas en las diversas modalidades que ofrece la LCSP descritas en la Sección 1.ª Delimitación de los tipos contractuales, donde se articulan desde los contratos de concesión de obra pública, gestión de servicios públicos, hasta los contratos de colaboración entre el sector público y el sector privado (CPP).

Esta última modalidad, la de la colaboración público privada ha sido el centro de discusión en materia del impacto sobre la eficiencia en costes del modelo de gestión sanitaria en España, el cual desarrollaremos más adelante.

La propia organización política de España presenta uno de los principales retos en materia de evaluación del impacto de la gestión en los servicios de salud y de bienestar en general. Lo anterior no solo afecta a los servicios de salud, en general se extiende a todos los servicios públicos y en mayor intensidad a los servicios que están a discreción de las entidades locales territoriales, como es el caso del suministro de agua potable y en general del ciclo integral del agua. Esta diversidad de figuras bajo las cuales se prestan los servicios públicos en España presentan un gran desafío a la hora de extraer afirmaciones concluyentes sobre las bondades de los diversos tipos de gestión.

En materia sanitario la prestación directa es ofrecida por: (i) las Fundaciones privadas en mano

Pública, (ii) los consorcios, (iii) las sociedades estatales y (iv) las fundaciones públicas sanitarias, en general hay una apuesta clara por las opciones organizativas de naturaleza o titularidad pública frente a las privadas.

Concepto de eficiencia en el sector sanitario

Entramos en uno de los focos de discusión sobre el cual orbita el dilema de la elección entre modelos de gestión público o privado. La eficiencia total desde el punto de vista económico se descompone en eficiencia técnica o productiva que se entiende como la obtención de la mayor cantidad posible de producto a partir de un conjunto dado de insumos (uso óptimo de insumos físicos contra outputs, relaciones puramente físicas o ingenieriles) y la llamada eficiencia asignativa que tiene en cuenta los estímulos económicos o «precios relativos» (sustituir lo caro con lo barato). Si bien diversos trabajos se han centrado en determinar el impacto de la gestión en la «eficiencia», realmente se centran en la eficiencia técnica, y debido al tipo de servicio del que estamos tratando «la salud y el bienestar social» es necesario abordar el problema desde una perspectiva más amplia.

Según el índice Helathiest Country Index de Bloomberg[27], España se encuentra en el sexto puesto, y si bien bajo las premisas de este

27 Nota: Helath Grade (X) Health Score (A) —HelathRsikPenalties (B) A: Medidas de puntuación sanitaria: 1. mortalidad por enfermedades transmisibles y no transmisibles y lesiones; 2. esperanza de vida al nacer, niñez, juventud y jubilación; 3. probabilidad de supervivencia neonatal, en la edad adulta y en etapas de jubilación; B: Penalización por Factores de Riesgo: 1. Factores conductuales/endógenos tales como alta incidencia de población con niveles elevados de presión arterial, glicemia y colesterol, prevalencia de sobrepeso, consumo de tabaco, consumo de alcohol, inactividad física y malnutrición infantil; salud y cobertura de vacunas básica; 2.factores ambientales/exógenos como las emisiones de gases de efecto invernadero per cápita y el porcentaje de población con acceso a agua potable mejorada.

tipo de índices, al igual que muchos otros, nos podemos hacer una idea sobre factores macro los cuales inciden en la salud general de la población, se hace necesaria una exhaustiva revisión de los mismos de forma integral con análisis en medidas de eficiencia a nivel microeconómico.

Sería un grave error tratar de determinar el impacto de la gestión si lo medimos solamente desde el punto de eficiencia técnica y con ello me refiero al análisis y optimización de los distintos indicadores de la gestión hospitalaria, sin tener en cuenta criterios de eficiencia asignativa que nos relacione el modelo a principios de sostenibilidad del modelo de gestión dentro del contexto en el que se desenvuelve la prestación de los servicios de salud en España.

Lo cierto es que los principales indicadores de forma agregada bajo los cuales tiene efecto la gestión de la salud son muy diversos y muy amplios, de ahí la complejidad de valoración de dichos modelos. Tanto la agregación como el análisis microeconómico pueden contribuir al sesgo de la valoración del impacto de la gestión en los diversos indicadores. De ahí que la primera tarea consista en escoger los indicadores más significativos dentro del universo de indicadores disponibles.

A continuación, se enumeran los grandes grupos de indicadores disponibles en el Sistema Nacional de Salud[28]

A. Demografía y Situación de Salud
  Cifras de población e indicadores demográficos básicos
  Mortalidad
  Valoración del estado de salud
  Problemas de salud crónicos
  Limitaciones para las actividades básicas de la vida diana
  Limitaciones para las actividades instrumentales de la vida diaria
  Vigilancia epidemiológica
  Bajo peso al nacer
  Interrupción voluntaria del embarazo
  Accidentes de tráfico, de trabajo y en el hogar o en tiempo de ocio

B. Hábitos de vida
  Consumo de tabaco
  Consumo de alcohol

28 Estos grupos se desagregan en indicadores específicos.

Consumo de drogas en estudiantes de educación secundaria
Obesidad y sobrepeso
Consumo de frutas y verduras
Actividad física

C. Recursos Asistenciales: Humanos y Físicos
Profesionales médicos y de enfermería
Médicos y enfermeras graduados
Farmacéuticos
Centros de salud y hospitales
Tecnologías médicas
Oficinas de farmacia
Centros servicios y unidades de referencia
Red de equipos de trasplante
Centros de transfusión sanguínea

D. Promoción, prevención y atención a los problemas de salud
Promoción y prevención sanitaria
Atención a los problemas de salud
Urgencias
Centros, servicios y unidades de referencia
Donación y trasplante de órganos
Red transfusional
Calidad de los Servicios Sanitarios

E. Ordenación Profesional y Formación Continuada

F. Prestación Farmacéutica
Medicamentos y productos sanitarios incluidos en la prestación del SNS
Prestación farmacéutica a través de receta médica del SNS
Prestación farmacéutica hospitalaria
Medicamentos huérfanos

G. Gasto Sanitario

Con esto nos encontramos con que los indicadores de salud más utilizados en materia de eficiencia a nivel macro son las tasas de mortalidad (infantil y adulta) y la esperanza de vida. La tasa de mortalidad es (y probablemente seguirá siendo) el indicador más utilizado porque permite realizar comparaciones entre diversos países y, además, dichos datos se obtienen sin ningún tipo de dificultad técnica (López, 2013). Por otra parte, el gasto es otro de los indicadores fundamentales que trataremos más adelante.

Respecto a los análisis micro las cosas se pueden complicar según la rigurosidad y ambición del investigador, en este aspecto indicadores como ocupación de camas, número de médicos, enfermeras, tasas de readmisión, pacientes ambulatorios, pacientes hospitalizados(Alonso, et al., 2015).

La metodología más utilizada en la mayoría de los análisis empíricos el método de frontera no paramétricos basados en el Análisis de Envolvente de Datos (DEA en inglés). DEA es una técnica no paramétrica que no requiere asumir una forma funcional particular para la función de producción. En este sentido todas las desviaciones entre los valores observados y una frontera de posibilidades de producción estimada se atribuyen a la ineficiencia. Además, el Análisis de Fronteras Estocásticas (SFA) se utiliza como un análisis de sensibilidad. Los métodos SFA requieren asumir una forma funcional particular para la función de producción, lo que permite la presencia tanto de errores estocásticos como de ineficiencia(Medeiros & Schwierz, 2015).

Como podemos apreciar lograr el consenso en el impacto del modelo de gestión sobre la eficiencia en materia de servicios sanitarios es algo que se torna muy complicado, debido a los inputs de los análisis y a las diversas técnicas que se pueden utilizar para aislar el impacto del modelo de gestión que nos permita poner en valor cada uno de los modelos. Sin embargo, es necesario poder avanzar en esta materia ya que la propia Ley General de Sanidad en su artículo 7 menciona que:

> *«Los servicios sanitarios, así como los administrativos, económicos y cualesquiera otros que sean precisos para el funcionamiento del Sistema de Salud, adecuarán su organización y funcionamiento a los principios de eficacia, celeridad, economía y flexibilidad»*

Como se puede observar la eficiencia como tal no es una prioridad, debido a la tipología de servicios que se presta, pero no quiere decir que no se tenga que analizar, ya que bajo el propio deber de universalidad de la sanidad pública por parte del Estado, la sostenibilidad es algo que asegura este principio constitucional. A su vez la sostenibilidad debe estar fundada entre otros aspectos en la eficiencia y es aquí donde el sector privado debe aportar su experiencia y conocimiento sobre el «cómo hacer» bien las cosas y trasladar las prácticas gerenciales y de dirección al plano de la gestión sanitaria, reconociendo por parte del Estado unos beneficios que no excedan bajo ningún criterio aquellos necesarios para remunerar las inversiones sin trasladar impactos negativos tanto en la calidad de los servicios ni económicos por sobrecostes al Estado.

LA SOSTENIBILIDAD

Otros aspectos que afectan la eficiencia, los cuales salen del ámbito de la propia gestión operativa de los hospitales son aquellos costes en que incurre el Estado en materia de contratación. La colaboración pública privada ofrece ciertas ventajas respecto a la gestión directa en materia económica, haciendo referencia nuevamente al art. 7 de la LGS, la celeridad es una de las premisas de este artículo y dado que el Estado cuenta con limitaciones en materia de endeudamiento y gasto, pero por otra parte es un deber proveer a los ciudadanos de este servicio, se aprecia entonces una clara oportunidad de colaboración público-privada. En este sentido las inversiones que se realicen bajo ciertos parámetros bajo la modalidad de CPP no harán parte del balance del Estado (ni el activo, ni el pasivo).

En adelante nos encargaremos de analizar el concepto de sostenibilidad de los servicios públicos, para lo cual haremos referencia a la Ley Orgánica 2/2012, de 27 de abril, de Estabilidad Presupuestaria y Sostenibilidad Financiera (LEPSF). En su preámbulo esta Ley menciona:

> «*La estabilidad presupuestaria, consagrada constitucionalmente, es base para impulsar el crecimiento y la creación de empleo en la economía española, para garantizar el bienestar de los ciudadanos, crear oportunidades a los emprendedores y ofrecer una perspectiva de futuro más próspera, justa y solidaria.*
> *La salvaguardia de la estabilidad presupuestaria es un instrumento indispensable para lograr este objetivo, tanto para garantizar la finan-*

ciación adecuada del sector público y los servicios públicos de calidad sobre los que descansa el sistema de bienestar, como para ofrecer seguridad a los inversores respecto a la capacidad de la economía española para crecer y atender nuestros compromisos».

Aunque la actividad económica actual parece estar recuperándose de manera sostenida, los efectos de la crisis económica han quedado presentes tanto en la administración pública como en el sector real. Algunas Administraciones Públicas, durante los últimos años, han visto como han estado sujetos a un ajuste significativo en materia de gasto, si bien este ajuste fue necesario, el coste social y político ha sido evidente. Los objetivos que prevé la LEPSF son: garantizar la sostenibilidad financiera de todas las Administraciones Públicas; fortalecer la confianza en la estabilidad de la economía española; y reforzar el compromiso de España con la Unión Europea en materia de estabilidad presupuestaria. Si bien algunas CCAA han logrado mejorar la estructura de sus cuentas, las inversiones que suponen el mantenimiento del bienestar social podrían impactar en la estabilidad financiera de dicha administración, por tanto, las bondades de la CPP son apreciables de cara a mejorar la presencia del estado con alternativas diferentes a la prestación directa.

Las principales novedades de esta Ley las desarrollamos a continuación:

- Principio de Estabilidad: Se entiende por estabilidad presupuestaria de las Administraciones Públicas la situación de equilibrio o superávit estructural.
- Principio de Sostenibilidad: Se entiende por sostenibilidad financiera la capacidad para financiar compromisos de gasto presentes y futuros dentro de los límites de déficit, deuda pública y morosidad de deuda comercial conforme a lo establecido en esta Ley, la normativa sobre morosidad y en la normativa europea.Se entiende que existe sostenibilidad de la deuda comercial, cuando el periodo medio de pago a los proveedores no supere el plazo máximo previsto en la normativa sobre morosidad.
- Regla del Gasto: La variación del gasto computable de la Administración Central y de las Comunidades Autónomas —como responsables de la prestación de los servicios de salud pública—,

no podrá superar la tasa de referencia de crecimiento del Producto Interior Bruto de medio plazo de la economía española.

No obstante, cuando exista un desequilibrio estructural en las cuentas públicas o una deuda pública superior al objetivo establecido, el crecimiento del gasto público computable se ajustará a la senda establecida en los respectivos planes económico-financieros y de reequilibrio previstos en los artículos 21 y 22 de esta ley.

Así mismo, se entenderá por gasto computable a los efectos previstos en el apartado anterior, los empleos no financieros definidos en términos del Sistema Europeo de Cuentas Nacionales y Regionales, excluidos los intereses de la deuda, el gasto no discrecional en prestaciones por desempleo, la parte del gasto financiado con fondos finalistas procedentes de la Unión Europea o de otras Administraciones Públicas y las transferencias a las Comunidades Autónomas vinculadas a los sistemas de financiación.

Analizadas las consideraciones en el ámbito jurídico, se puede extraer que la vocación de las normas revisadas está alineada en sentido de limitar en la medida de lo posible el tamaño del Estado, de cara a cumplir con los objetivos de déficit planteados por la UE, de tal forma que la incorporación y desarrollo de nuevas unidades debe promoverse bajo una visión de largo plazo y sujeta a las restricciones de estabilidad promovidas por el Estado, lo cual limita el éxito de estos procesos a Comunidades Autónomas y Unidades que cumplan claramente con los principios de sostenibilidad y de recuperación de la inversión expuestos. Por su parte las Comunidades que no cuenten con un nivel de estabilidad presupuestaria recurrente en el tiempo verán mermadas las probabilidades de acometer con éxito dichos procesos puesto que la prestación de los servicios públicos requiere de grandes inversiones tanto nuevas como de reposición para asegurar los principios de universalidad y de calidad de los mismos.

Dado que las competencias en materia sanitaria están cedidas a las CCAA, están deberán tener en cuenta cómo repartir la carga de las inversiones en el tiempo, para asegurar la prestación de los servicios públicos, por una parte, y por otra como cumplir con las condiciones que marca la LEPSF en materia de estabilidad financiera.

Dejando el marco legal, es lógico que al asumir ciertos riesgos (construcción y disponibilidad o demanda) y la capacidad de obtener recursos para llevar a cabo la prestación de los servicios bajo las condiciones marcadas por el Estado como agente supervisor, el inversor privado busque una rentabilidad, que vienen compensada gracias a las eficiencias que «podría otorgar su gestión». Es precisamente la visualización de este beneficio sin atender a las mejoras de eficiencia y sostenibilidad que puede aportar el operador privado en la gestión, lo que sostiene los argumentos ideologizados en contra de esta colaboración, sin tener en cuenta un principio básico en economía y que ha soportado tradicionalmente, desde los economistas clásicos,tanto el comercio como la especialización productiva, como es la ventaja competitiva donde cada uno se especializa en aquello que mejor sabe hacer.

Lo cierto es que nos encontramos en el modelo de gestión actual en España, que es principalmente público con la presencia de unos 12 hospitales bajo el modelo de colaboración público privada de gestión integral (CPPI)[29], la percepción general del servicio de sanidad pública por parte de los usuarios según el barómetro sanitario 2016 elaborado por el CIS[30] es buena, pero se entiende que es mejorable.

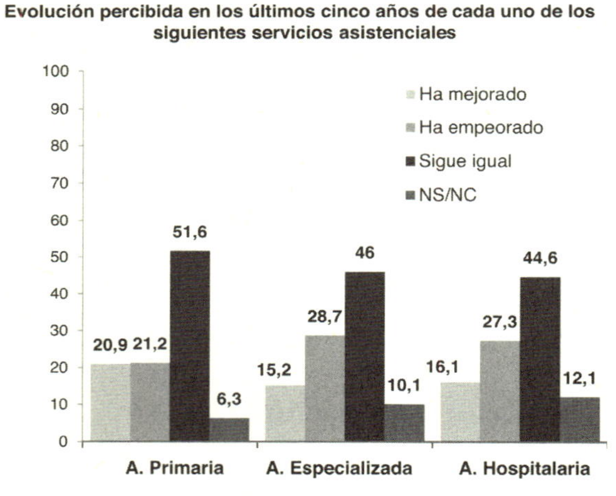

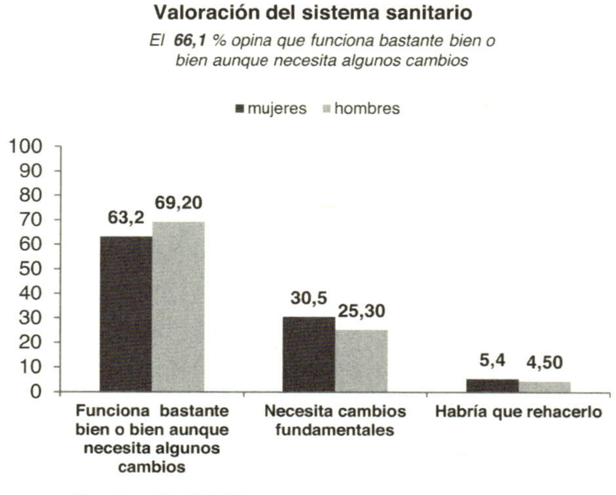

Fuente: CIS - Barómetro Sanitario 2016

29 La entidad privada construye y gestiona tanto los servicios complementarios como los servicios sanitarios.

30 El Centro de Investigaciones Sociológicas (CIS) es un organismo autónomo dependiente del Ministerio de la Presidencia. La función principal que el CIS tiene encomendada es la de contribuir al conocimiento científico de la sociedad española.

De forma que las principales conclusiones de este informe[31] las tomamos como punto de partida para evidenciar la necesidad de explorar y perfeccionar formas de colaboración que permitan avanzar tanto en la percepción de la mejora en la calidad de los servicios sanitarios en España como en la mejora de la calidad efectiva de los mismos, pero sobre todo en la sostenibilidad de los estándares de calidad alcanzados.

El gasto en salud

Pero esto nos lleva al tema del gasto en salud. La tarea de medir el gasto del sistema de sanidad pública en España está a cargo del Sistema de Cuentas de Salud[32] (SCS), que recoge información del gasto de proveedores desde un doble punto de vista: titularidad y financiación. Se diferencian en que la segunda supone un análisis de la producción de servicios sanitarios por los sectores público y privado, en tanto que la primera, siguiendo el enfoque de la Estadística de Gasto Sanitario Público (EGSP), considera como gasto público toda la financiación pública de servicios sanitarios. Puesto que el sector sanitario público presta sus servicios no sólo con producción propia, sino también mediante la contratación o concierto de medios privados de producción sanitaria, estos datos suponen una evaluación de la política sanitaria de concertación y ofrecen, por tanto, una medida de hasta qué punto los proveedores privados de servicios sanitarios son financiados públicamente[33]

Como se puede apreciar hasta 2009 el gasto en sanidad presento un incremento a precios corrientes, pero la desaceleración del gasto se inició en 2007 una vez salieron a la luz los problemas derivados de la crisis económica. Desde los años 2009 a 2012 se presentaron tasas negativas de crecimiento atendiendo los ajustes presupuestales y de déficit público, no fue hasta el año 2013 que se presentaron incrementos en el gasto corriente, hasta 2015 donde se ha presentado nuevamente una desaceleración del mismo.

31 CIS — Barómetro Sanitario 2016.
32 SCS es una dependencia del Ministerio de Sanidad, Servicios Sociales e Igualdad.
33 Sistema de Cuentas de Salud — Tablas. Observaciones Generales.

Gasto sanitario total según agente de financiación

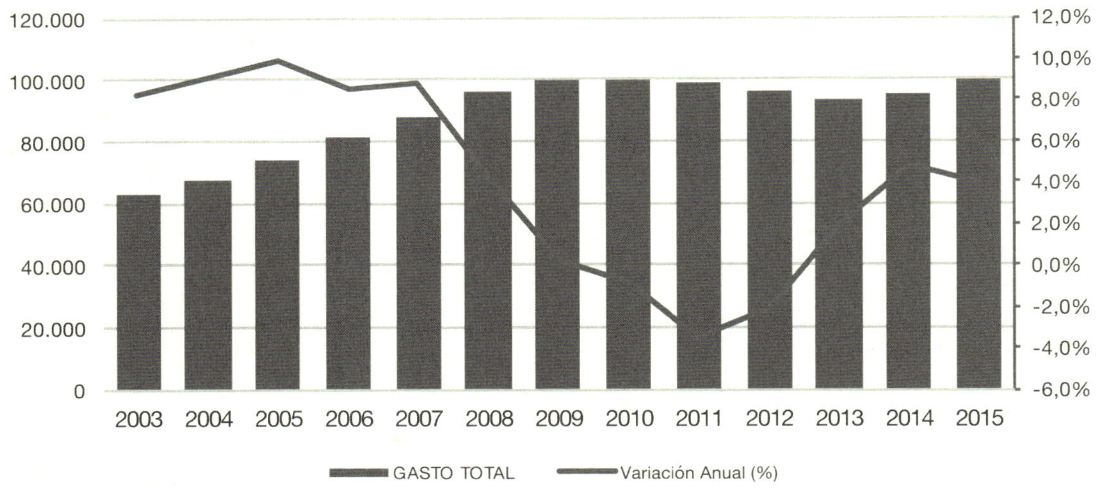

Para el año 2015 últimos datos registrados en el SCS el gasto total ascendió a 99.974 millones de euros, de los cuales el 50,4% fue abonado a proveedores privados

PROVEEDOR / TITULARIDAD Año 2015 (millones de €)	Titularidad pública	Titularidad privada	Total Gasto	Titularidad pública (%)	Titularidad privada (%)	Total Gasto (%)
Hospitales	*35.376*	*6.521*	**41.897**	*84,4%*	*15,6%*	*100%*
Establecimientos de atención medicalizada y residencial	*2.042*	*3.519*	**5.562**	*36,7%*	*63,3%*	*100%*
Proveedores de atención ambulatoria	*8.959*	*16.827*	**25.786**	*34,7%*	*65,3%*	*100%*
Minoristas y otros proveedores de productos médicos	*0*	*21.944*	**21.944**	*0,0%*	*100,0%*	*100%*
Suministro y administración de programas de salud pública	*652*	*43*	**695**	*93,8%*	*6,2%*	*100%*
Administración general de la salud y los seguros médicos	*1.457*	*1.545*	**3.002**	*48,5%*	*51,5%*	*100%*
Otras ramas de actividad (resto de la economía)	*1.079*	*0*	**1.079**	*100,0%*	*0,0%*	*100%*
Resto del mundo	*9*	*0*	**9**	*100,0%*	*0,0%*	*100%*
Total	**49.574**	**50.400**	**99.974**	**49,6%**	**50,4%**	**100%**

Fuente: Sistema de Cuentas de Salud

El gasto total del sistema sanitario español, entendiendo éste como suma de los recursos asistenciales públicos y privados, de los 99.974 millones de euros 71.036 millones (71%) fueron financiados por el sector público y 28.937 (29%) millones financiados por el sector privado.

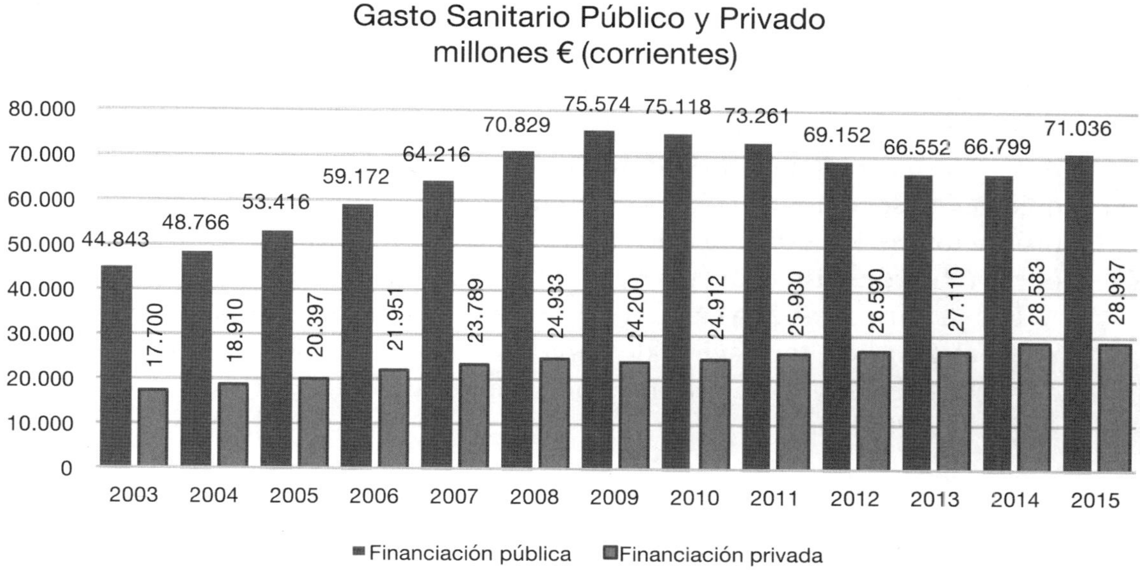

Fuente: Sistema de Cuentas de Salud

La media anual de crecimiento del gasto sanitario total en el período 2011-2015 fue de un 0,2%. El gasto sanitario público presentó una tasa del -0,8%, mientras que el gasto privado creció de media un 2,8% anual.

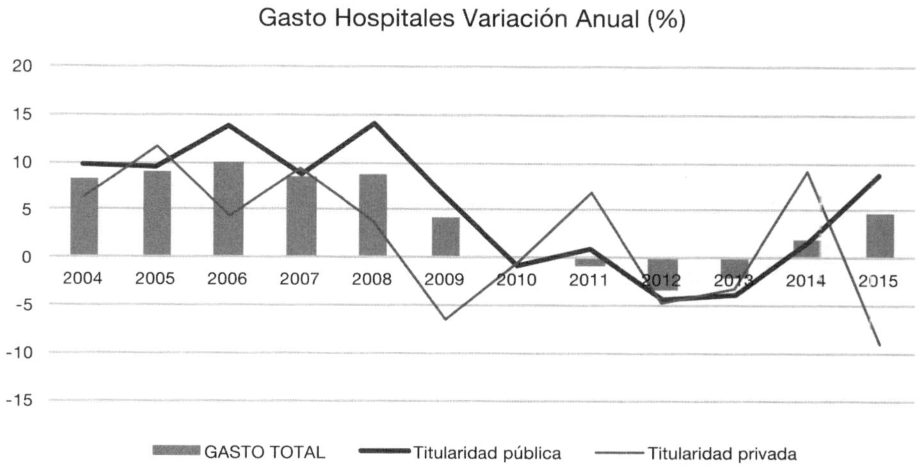

Fuente: Sistema de Cuentas de Salud

Si observamos el gasto sanitario total desagregado según la función de atención se observa que en el último año aumentó el gasto en todas las funciones de atención de la salud. Si no se tiene en cuenta la evolución del gasto en formación de capital de las instituciones proveedoras de atención de la salud, las principales subidas se produjeron en servicios auxiliares de atención de la salud (un 5,1%), en productos médicos dispensados a pacientes ambulatorios (un 4,8% y en servicios de asistencia curativa y de rehabilitación (un 4,7%).

Por su parte, tras una caída del 36,8 por ciento en el período 2011-2014, el gasto en formación de capital de las instituciones proveedoras de atención de la salud se incrementó un 17,1% en 2015, con respecto a 2014.

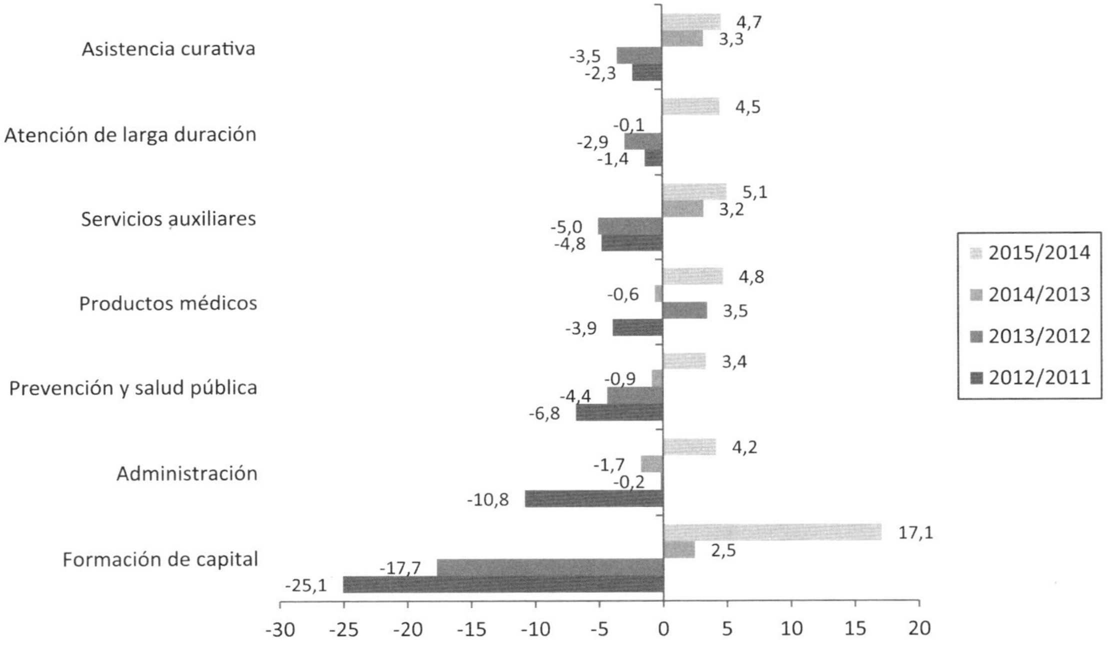

Fuente: Sistema de Cuentas de Salud

En España, en 2015, el gasto sanitario representó un 9,3% del producto interior bruto (PIB) un 6,6% financiado con recursos públicos y un 2,7% con recursos privados. En relación a la población, el gasto sanitario total aumentó de 2.125 euros por habitante en 2011 a 2.152 euros por habitante en 2015, lo que supone un incremento anual medio del 0,3% en este periodo.

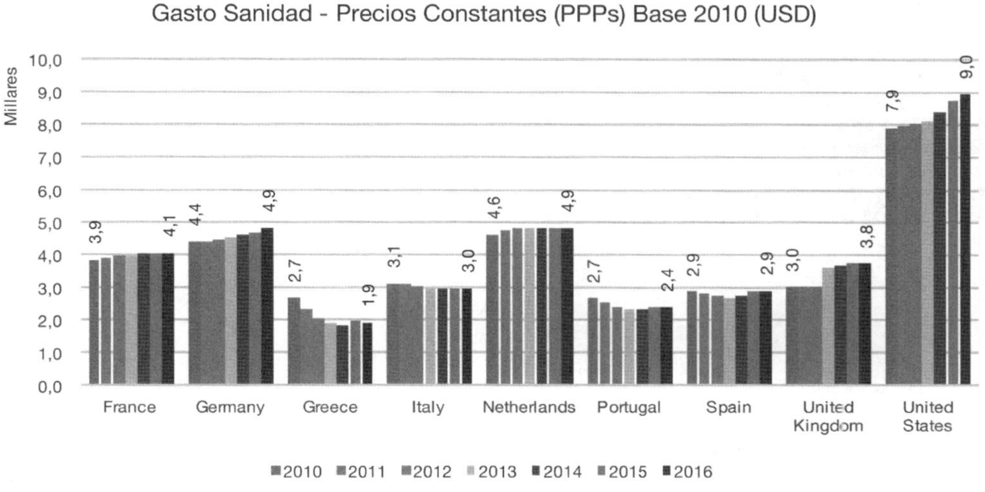

Fuente: OECD.stat

El gráfico anterior muestra la evolución a precios constantes base 2010, a paridad de poder adquisitivo del gasto en sanidad para distintos países. Si hacemos referencia a al índice bloomberg mencionado en la sección anterior encontramos como Italia con un gasto algo mayor ocupa el primer lugar en dicho índice. Holanda con un gasto mayor (65% más que España) se encuentra 7 puestos por debajo de España y Estados Unidos con el mayor gasto 8.984 USD_{2010} se encuentra en el puesto 34/200.

Sobre el gasto privado, hacemos referencia a los datos de ICEA[34], que proporciona el gasto en salud en base al volumen de las primas registradas en cada año. Para el 2015 el volumen de primas fue de 7.343 millones de euros para un total de 10,7 millones de asegurados.

	Número de Asegurados	Crecimiento Interanual	Volumen de Primas (€)	Crecimiento Interanual
Asistencia Sanitaria sin AAPP	6.635.468	3,74%	4.943.011.536	4,26%
AAPP (Muface, Isfas, Mugeju)	1.914.193	-1,64%	1.513.593.991	0,43%
Asistencia Sanitaria	**8.549.660**	**2,48%**	**6.456.605.527**	**3,34%**
Reembolso de Gastos	689.056	2,18%	659.457.676	2,43%
Prestación de Servicios	**9.238.717**	**2,46%**	**7.116.063.203**	**3,25%**
Subsidios e Indemnizaciones	1.512.863	-1,30%	227.348.815	-2,34%
Total Número de Asegurados	**10.751.580**	**1,91%**	**7.343.412.018**	**3,07%**

Fuente: ICEA

Una reflexión sobre este gasto hace referencia a que este número de asegurados descarga de manera voluntaria (discreción de las personas contratar un seguro privado de salud) la presión sobre el gasto público. En relación a esto (López, 2013) ajusta el gasto de tal forma que no tiene en cuenta el gasto por AAPP (Muface, Isfas, Mugeju) por tanto el gasto privado en 2015 sería de 5.830 millones de euros que representan 8.8 millones de personas que cuentan con una doble cobertura (privada y pública). El plantea que *«[...] si estas personas no se costearan un seguro médico privado, el SNS debería prestar los servicios que aquéllas reciben a través de sus seguros privados y, por tanto, el coste del SNS se incrementaría, como mínimo, en el valor de las primas que pagan a las empresas aseguradoras»*. Abásolo, Pinilla y Negrin (2008), afirman que una doble cobertura significa un menor uso de todos los servicios

34 ICEA (Investigación Cooperativa entre Entidades Aseguradoras y Fondos de Pensiones), tiene encomendada la función de Servicio de Estudios del Sector Asegurador Español, siendo el organismo encargado de realizar y publicar todas las estadísticas sectoriales.

sanitarios públicos, y, por tanto *«este hecho sugiere que el seguro privado es de facto un sustituto de los servicios sanitarios públicos»*.

Por tanto, aunque nos encontramos en unos niveles de gasto sanitario relativamente bajos entre nuestros comparables, existen posibilidades de mejora por la vía del gasto en materia sanitario. Así lo demuestra un estudio realizado por la Comisión Europea en 2015. La hipótesis que se platean es que *«Existe una cantidad considerable de evidencia en los niveles macro y micro sobre la omnipresencia de la ineficiencia en el sector de la salud»* (Medeiros & Schwierz, 2015).

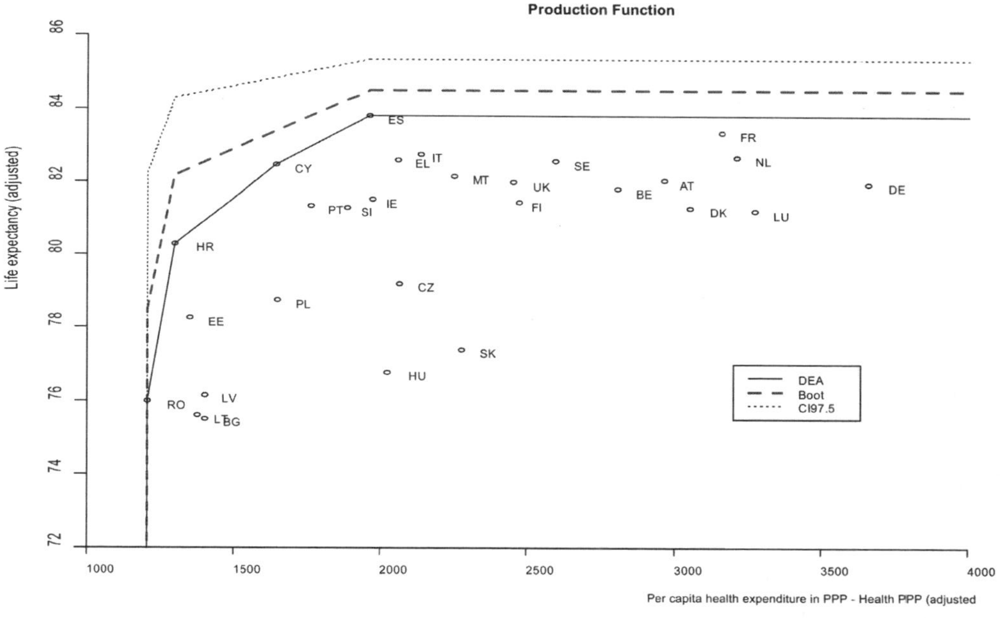

Fuente: Comisión Europea

El gráfico anterior muestra la esperanza de vida ajustada contra el gasto per cápita en salud a paridad de poder adquisitivo para facilitar su comparación. En este gráfico observamos como España se encuentra en la frontera de eficiencia, pero se observan mediante técnicas econométricas que a nivel macro existe potencial de mejora en materia de eficiencia (bien ya sea mejorando los resultados sanitarios, manteniendo los insumos a los niveles actuales —orientación al producto— o disminuyendo los insumos, manteniendo los resultados de salud a niveles actuales —orientación de insumos—). Así mismo se aprecia que España junto con Bélgica, Chipre, Francia, Luxemburgo, Suecia y los Países Bajos obtienen una puntuación significativa entre los siete mejores países con puntuaciones más altas de eficiencia media (Mide la eficiencia técnica).

Este análisis macro no excluye como bien menciona el autor ineficiencias a nivel micro, esto es eficiencia asignativa, en los sistemas de salud de cada país analizado.

Por tanto, en materia de gasto existe tanto a nivel micro como macro, potencial para la mejora de la eficiencia en materia sanitaria, de tal forma que la exploración de alternativas encaminadas a mejorar la estructura de gasto del sistema sanitario en España que ayude a su vez a controlar el gasto público en materia de estabilidad financiera, precisa ser relevante y necesaria.

Aportes de la Gestión Integral Privada de Hospitales

Lo cierto es que bajo la premisa de la componente aditiva de todo proceso de colaboración público privada y el principio de especialización bajo la ventaja competitiva y su consiguiente valor por unidad monetaria de gasto (*value for money*), la gestión integral de hospitales por parte de operadores privados aporta una clara ventaja en una serie de puntos esenciales para la consecución de la eficiencia económica y la sostenibilidad del sistema que está detrás de los principios de eficacia, celeridad, economía y flexibilidad a los que obliga la Ley y que podemos resumir en los que vienen reflejados en un reciente estudio de PWC como los siguientes(PWC; UCSF, 2016):

1. Sistemas de Información
   a) Dada la importancia de la gestión de la información los aportes en esta materia han sido muy significativos, lo que permite compartir la información de los pacientes por los distintos departamentos y centros, lo que permite un seguimiento tanto clínico como de costes del paciente para facilitar el principio de «money follows patient».

2. Estrategia

a) El modelo PPP es un modelo centrado en la eficiencia de los recursos en lugar de un modelo tradicional basado en el presupuesto.

b) El tiempo de respuesta a los problemas de salud es más corto debido a una estructura de gestión menos compleja.

3. Supervisión

a) Los hospitales bajo CPPI cuentan con un Oficial de Cumplimiento de Gobierno para garantizar los estándares de calidad y asequibilidad en la prestación de servicios de salud.

b) Establece un programa de evaluación continuada tanto de resultados como de gestión.

4. Flexibilidad

a) La gestión bajo CPPI tiene políticas que permiten ser flexible y escalable en la gestión de recursos humanos, económicos y materiales.

b) Gracias a esta flexibilidad puede implementar mecanismos que permitan un ajuste periódico y planificado de las tarifas per cápita para adaptarse a las necesidades cambiantes de la población cubierta.

5. Gestión del Talento

a) Las inversiones en promoción de la salud y medicina preventiva han reducido los costos de atención de la salud.

b) La promoción de buenas prácticas de salud ha generado un efecto de compromiso a largo plazo sobre los pacientes CPPI con su asistencia sanitaria.

c) Las políticas de recursos humanos han alineado los incentivos de los empleados con los resultados deseados de los CPPI.

6. Comunicación y Promoción

a) Es necesario por parte del gobierno una estrecha relación con el sector privado que ayuda a compartir el riesgo y alienta situaciones de *win-win.*

b) Demanda la creación de canales de comunicación formales para demostrar la transparencia y el logro de los resultados de salud para el público en general.

A lo que habría que añadir el concepto de coste de oportunidad, o precio sombra de la restricción presupuestaria, que viene siempre asociado a toda inversión pública.

Financiación Per Cápita

Respecto a la financiación de los procesos con los que normalmente se articulan los CPP en el sector sanitario como son los modelos de gestión integral DBOD (design, build, operate, deliver), nos encontramos que estos suelen ser financiados mediante un pago per-cápita en función de la población sobre la cual se presta el servicio. Al respecto, en nuestro país existen experiencias donde fueron tenidos en cuenta dos aspectos fundamentalmente para su ajuste anual: el incremento de los precios (IPC) y el gasto sanitario consolidado. Sin embargo este sistema basado exclusivamente en estos dos parámetros muestra una inadecuada adaptación, por su insuficiencia, a un modelo en el que poder extraerla máxima optimización a los procesos de CPP tal y como refleja un informe de PWC y UCSF Group[35]donde se refleja que adicionalmente a estos dos conceptos es necesario incorporar otros criterios que ayudarán a ajustar mejor la cuota per-cápita.

a) **La carga de enfermedades crónicas en la población cubierta** — En países desarrollados como España, que han logrado altos niveles de vida y con cobertura de atención médica, incluyendo dispositivos de apoyo médico que prolongan la esperanza de vida, es crucial tener en cuenta la carga de enfermedades crónicas, ya que constituye un factor que incrementa tanto el gasto sanitario por encima del nivel promedio asegurado y los riesgos financieros que implica el cuidado de una población.
b) **La edad promedio de la población** — En algunas ocasiones, el ajuste per-cápita requiere tener en cuenta la edad promedio de la población —específicamente, la proporción de menores de 14 años a los mayores de 65 años— con la población entre

35 Innovation roll out Valencia's experience with public/private integrated partnerships. Healthcare public-private partnerships series, No. 3. 2016

esas edades ayudando a compensar el riesgo las enfermedades crónicas y el recurso frecuente a los servicios de salud.

c) **Insularidad** — Los recursos sanitarios necesarios para prestar servicios a las comunidades que están más dispersos que la población local promedio suelen ser considerablemente más altos, especialmente cuando los esfuerzos también están dirigidos a mejorar el acceso a la asistencia sanitaria.

d) **Inclusión de los servicios socio-sanitarios** — Con el fin de proporcionar atención integral a los pacientes con discapacidad, se necesitan recursos para coordinar una red de apoyo y formación para los cuidadores.

Al respecto el informe concluye: *«En una estrategia de sistemas de salud sostenibles, donde uno de los factores que afectan a la población es el promedio del gasto consolidado en salud, no implementar estrategias transformacionales en los departamentos de salud administrados públicamente y permitir un uso ineficiente de los recursos, termina beneficiando al sector privado a expensas del presupuesto del gobierno»* (PWC; UCSF, 2016)

La estructura de financiación de las operaciones en el modelo de CPP, requiere de una flexibilidad la cual permita actualizar de manera conjunta Estado—Sector Privado, y bajo criterios consensuados, las tarifas en función de acontecimientos que aumenten el gasto sanitario de la población objetivo, sin tener la necesidad de rescindir los contratos para acordar nuevas tarifas o alcances. En este sentido la transparencia y el buen gobierno corporativo juegan un papel fundamental en materia de sostenibilidad ya que el socio privado deberá analizar periódicamente los gastos en que incurre en función de las características propias de la población a la cual brinda cobertura y buscar mejoras en la gestión que le ayuden a maximizar su función de producción. De esta forma garantizará la prestación de los servicios a los niveles de calidad acordados y asumiendo bien el riesgo de demanda o de disponibilidad bajo pleno conocimiento de los costes en que incurre.

Uno de los principales mecanismos que refuerza el tema de la asignación de las tarifas por las cuales se remunera al socio privado es el propio procedimiento de contratación que suele utilizarse para este tipo de contratos y es el llamado «Dialogo Competitivo» estipulado en la LCSP y lo define como *«En el diálogo competitivo, el órgano de contratación dirige un diálogo con los candidatos seleccionados, previa solicitud de los mismos, a fin de desarrollar una o varias soluciones susceptibles de satisfacer sus necesidades y que servirán de base para que los candidatos elegidos presenten una oferta»*

En este sentido la administración tendrá toda la información necesaria para valorar los niveles de retribución del socio privado ya que dentro del dialogo competitivo se promueve la colaboración de varios candidatos y la administración tendrá el privilegio de contar con todos los argumentos que ofrecen los candidatos en libre comparecencia. De tal forma que puede alertar de señales de desviaciones en tarifas, bien por su propia experiencia o bien por la ganada en el proceso diseño de la propuesta. Esta herramienta debe de ser convertirse en referente en materia prudencial y se deben enfocar los esfuerzos de las administraciones públicas a destinar sus mejores recursos a fin de promover unos mejores y eficientes esquemas contractuales los cuales regirán la relación con el socio privado y de ello dependerá la satisfacción de los usuarios objetivo final de estas estructuras de colaboración público-privada.

Conclusiones

Nos encontramos en un momento histórico, tras la crisis de 2008 en el que los populismos han llevado la toma de decisiones sobre áreas sensibles —como son los servicios públicos y especialmente aquellos relacionados con la vida, como los servicios de salud— a un discurso ideológico donde los criterios técnicos y económicos han pasado a segundo plano, prescindiendo del aporte de valor que toda colaboración de los ámbitos públicos y privados son capaces de generar desde sus respectivas capacidades y responsabilidades, especialmente estas últimas en las que el sector público debe aportar los estándares de calidad requeridos por las ciudadanos dentro de un Estado de Bienestar cubriendo las labores de regulación, supervisión y sanción de los mismos si procede, mientras que el sector privado debe aportar lo que mejor sabe hacer como es la gestión eficiente y sostenible de los recursos técnicos, humanos y financieros disponibles para la prestación o producción de cualquier bien o servicio según los requerimientos y las necesidades de los usuarios finales.

Y no sólo es una cuestión de eficiencia sino también de sostenibilidad económica. Normalmente tendemos a pensar en términos estáticos —de foto fija— para el análisis del funcionamiento de un servicio público, esto es, analizamos la calidad y viabilidad económica de la prestación del mismo hoy sin poner la mirada hacia el futuro y evaluar si el servicio en si es sostenible, teniendo en cuenta no sólo las necesidades para el mantenimiento de los estándares actuales de calidad —el capex necesario para su uso a lo largo del tiempo— sino, mucho más importante en un país como España con un problema de envejecimiento de la población sin precedentes, resultado tanto de una pirámide invertida como de una de las mayores esperanzas de vida del planeta, de los potenciales requerimientos de inversión para abarcar a una población con mayores necesidades asistenciales así como poder hacer frente a la implantación de nuevas técnicas médicas intensivas de capital económico y humano que obtienen mayores tasas de éxito propias de un estado de bienestar de un país desarrollado como el nuestro. Proceso de inversión a futuro este en el que no contar con la participación de todos los agentes vinculados tanto públicos como privados puede suponer un «suicidio» desde el punto de vista económico o el abandono de los niveles de calidad alcanzados.

Referencias Bibliográficas

Alonso, J. M., Cliftona, J., & Díaz-Fuentesa, D. (2015). *The impact of New Public Management on efficiency:An analysis of Madrid's hospitals.* Health Policy. Madrid: ELSEVIER.

Comisión Europea. (2004). *Libro Verde — sobre la colaboración público—privada y el derecho comunitario en materia de contratación pública y concesiones.* Bruselas: Comisión Europea.

De Carlos, A. D., Martínez, F., Olano, J., & Jímenez, A. (2009). *La colaboración público-privada en la Ley de contratos del sector público. Aspectos administrativos y financieros.* (Primera ed.). Madrid: La Ley. Grupo Wolters Kluwer.

López, J. M. (2013). *Análisis de la eficacia y la eficiencia del servicio nacioanal de salud.* Madrid: Boletín económico de ICE No 3044.

Medeiros, J., & Schwierz, C. (2015). *Efficiency estimates of health care systems.* Bruselas: Comisión Europea.

Medeiros, J., & Schwierz, C. (2015). Efficiency estimates of health care systems. *Economic Paper — European Economy, 549.*

PWC; UCSF. (2016). *Innovation roll out Valencia's experience with public/private integrated partnerships.* Madrid: PWC .

Rozas, P., & Bonifaz, J. (2014). *Recursos Naturales e Infraestructura.* Santiago de Chile: CEPAL — Republique Francaise.

Sanchez, F. I., Abellan, J. M., & Oliva, J. (2013). *Gestión pública y gestión privada de servicios sanitarios públicos: más alla del ruido y la furia, una comparación internacional.* Madrid: Real Instituto Elcano.

UNAM. (2012). Principales modelos de seguridad social y protección social. En UNAM (Ed.). México: UNAM.

V. EVIDENCIA SOBRE COLABORACIÓN PÚBLICO PRIVADA EN SANIDAD: ¿SE COMPARAN LOS RESULTADOS CLÍNICOS?

Juan E. del Llano Señarís
Director, Fundación Gaspar Casal

1. INTRODUCCIÓN

A partir de la Ley 15/1997 sobre Habilitación de Nuevas Formas de Gestión del Sistema Nacional de Salud, aprobada el 25 de abril de 1997, se generaron una profusión de experiencias de colaboración público-privada, como las iniciativas PFI (iniciativa de financiación privada) o PPP (partenariado público-privado). Esto permitió aumentar la oferta hospitalaria de muchas CC. AA. de forma notable, hiciera o no falta.

Estas fórmulas de colaboración nacieron con el objetivo, fundamentalmente, de sortear las restricciones impuestas por la Unión Europea en relación con las cifras de déficit y endeudamiento público. Dado que inicialmente el sector privado financia la construcción de las infraestructuras, los costes para el sector público se difieren en el tiempo, lo que permite extraer una excelente rentabilidad electoral para los gobiernos de turno, que pueden prometer a sus electores nuevos hospitales cuyo coste no se dejará notar en el corto plazo. Por otra parte, el uso de concesiones administrativas tiene como fin introducir más flexibilidad en la gestión sanitaria (en el ritmo de innovación, en la política de recursos humanos, etc.) y transferir riesgos al sector privado, con la idea de que un agente preocupado por la rentabilidad económica se conducirá de forma más eficiente que una entidad pública, donde escasean los incentivos a la eficiencia.

En cualquier caso, no existen hasta el momento apenas evaluaciones independientes que muestren cuáles son los resultados de tales fórmulas de colaboración. La opacidad al respecto es marcada, y sin transparencia no hay evaluación posible. Con el fin de aportar toda la luz posible al debate, en este capítulo se recoge la evidencia científica más relevante referida a casos españoles.

2. EVIDENCIA CIENTÍFICA DISPONIBLE

Los principales trabajos sobre Colaboración Público Privada en asistencia hospitalaria en la UE son el de Costa Pinto 2009 para Portugal; Pollock 2011 y Moscelli 2017 para el Reino Unido; Vecchi et al. 2010 para Italia. En el marco español, nos encontramos con los trabajos de Coduras et al. 2008, Informe IASIST 2012, Sánchez, Abellán y Oliva 2013, Arenas 2013, Peiró y Meneu 2013, Alonso et al. 2015, y el recién presentado López-Casasnovas et al. 2017.

El primero de los trabajos a revisar es el de «***Gestión de tres procesos asistenciales según persona jurídica hospitalaria***», firmado por Alicia Coduras (investigadora asociada de la Fundación Gaspar Casal) como primera autora, en el 2008.

Este trabajo tuvo como objetivo determinar la influencia de la persona jurídica, para cinco hospitales seleccionados aleatoriamente, en la gestión de tres procesos asistenciales: infarto agudo de miocardio, cáncer de mama y enfermedad pulmonar obstructiva crónica (EPOC).

Los cinco hospitales se eligieron aleatoriamente en una reunión de expertos, a partir del Mapa de Hospitales del Ministerio de Sanidad y Consumo. Los criterios de inclusión que siguieron los expertos fueron que se dieran las cinco posibles formas jurídicas (Concesión Administrativa, Empresa Pública, Fundación, Forma sin personificación jurídica y Consorcio/Mutua), que fueran de distintas Comunidades Autónomas, y que fueran comparables en cuanto a camas por población asignada y cartera de servicios de los procesos analizados. Para el análisis, se desarrolló un doble enfoque metodológico: análisis cualitativo (grupo de discusión) y análisis cuantitativo (de indicadores seleccionados a partir de cuestionarios junto con su análisis estadístico). Los hospitales finalmente incluidos fueron:

— Gestión indirecta:
1. Concesión Administrativa: Hospital de la Ribera, Comarca de Alzira en la Comunidad Valenciana.

— Gestión directa:
2. Empresa Pública: Hospital Costa del Sol.
3. Fundación: Hospital Manacor en las Islas Baleares.
4. Forma sin personificación jurídica: Hospital Comarcal de El Bierzo en Castilla y León.
5. Consorcio/Mutua: Consorci Sanitari del Maresme en Cataluña.

El trabajo presentó los resultados según patología estudiada. Para la mortalidad en la enfermedad pulmonar obstructiva crónica (EPOC), no se hallaron diferencias sustanciales entre los distintos hospitales. Así, la tasa de reingreso más baja la tiene el Hospital de El Bierzo. En el cáncer de mama, las estancias medias por paciente resultaron razonablemente parecidas en todos los centros, si bien se detectaron dificultades para la primera consulta y el inicio del tratamiento de la enfermedad en todos los centros a excepción del Hospital de La Ribera. Los resultados comunicados sobre el *outcome* primario de mortalidad en el manejo del infarto agudo de miocardio, difirieron ligeramente en los distintos hospitales, siendo el Hospital Costa del Sol el que presentó mejores cifras.

A partir de estos resultados, los autores llegaron a concluir que los cinco hospitales con presentaban luces y sombras en referencia a la gestión de las tres patologías investigadas. El origen de estas diferencias detectadas, marcadas por las limitaciones del diseño del estudio, no pudo atribuirse de manera clara a su forma jurídica, o bien a otros factores, tales como la dotación tecnológica, donde la diferencia se observaba clara a favor del Hospital La Ribera.

El segundo trabajo que es pertinente valorar es el ***Informe IASIST de 2012.***IASIST, ahora parte de Quintiles IMS, es una empresa de servicios profesionales que ofrece a proveedores de servicios sanitarios, financiadores e industria sanitaria la información de contenido clínico y económico necesaria para la mejora de la calidad y la eficiencia de sus organizaciones y de los servicios prestados a sus clientes[36].

En su informe publicado en 2012, se comparaban los resultados de dos grandes grupos de hospitales: aquellos que son gestionados directamente por la administración, y aquellos que son gestionados mediante otras fórmulas. Específicamente, es en el tipo de relación laboral donde establecían la diferencia entre los dos grupos: «Técnicamente, el criterio de diferenciación de los dos grupos a efectos de este trabajo es el tipo de relación laboral de su personal sanitario. El primer grupo, Gestión Directa Administrativa (GAD), se define por el modelo estatutario de los sanitarios, mientras que el segundo grupo, Otras Formas de Gestión (OFG) se define por el modelo de contratación laboral. Hay que destacar que en este segundo grupo se incluye múltiples formas de gestión extendidas en muchas administraciones de diferente signo político: Empresas públicas, consorcios, fundaciones y concesiones administrativas en sus diferentes modelos. No se incluye en este estudio las concesiones modelo PFI en las cuales el personal sanitario es mayoritariamente estatutario. Las empresas y los consorcios son a todos los efectos públicos, aunque la contratación del personal esté sujeta al régimen laboral y no al de funcionarios del estado o del estatuto marco del personal estatutario de los servicios de salud. Las fundaciones pueden ser públicas o privadas pero no tienen ánimo de lucro. Actualmente hay 10 concesiones tipo PFI, donde el personal sanitario es gestionado por la administración pública mientras otras funciones no sanitarias son gestionadas por empresas privadas. Finalmente hay 9 concesio-

36 http://www.iasist.com

nes donde toda la actividad del hospital, pública desde el punto de vista del usuario, es gestionada por una entidad privada»[37].

Para llevar a cabo el estudio, se incluyeron exclusivamente hospitales públicos generales del SNS. No obstante, no se desvelaron los hospitales seleccionados debido a acuerdos de confidencialidad.

Respecto a la metodología, se extrajeron datos de las administraciones públicas, el CMBD, y se realizaron cuestionarios de recursos y de actividad («ambos sometidos a validación de consistencia interna, valores admisibles en coherencia con el resto, y comparación con el periodo anterior, pero no a auditoría externa»[38]). Los indicadores evaluados[39] fueron:

1. Indicadores de calidad esistencial
    - Índice de mortalidad ajustado por riesgo
    - Índice de complicaciones ajustado por riesgo
    - Índice de readmisiones ajustado por riesgo)

2. Indicadores de adecuación
    - Índice de cirugía sin ingreso ajustado

3. Indicadores de eficiencia hospitalaria
    - Índice de estancias ajustado por riesgo

4. Indicadores de eficiencia económica
    - Coste de producción ajustado por línea de producto (€)
    - Productividad (UPH/Personal sanitario)
    - Coste aprovisionamientos por UPH ajustada (€)

Los resultados del informe comparaban la diferencia en estos indicadores en los hospitales de gestión pura directa versus cualquier otro tipo de gestión (se especifica la poca robustez del análisis estadístico debido al poco peso relativo de cada uno de los subgrupos de gestión por separado). Bien, respecto a los indicadores de eficiencia, los

37 Extraído de http://www.iasist.com/es/21100/Aportaciones-al-debate-sobre-los-modelos-de-gestion

38 Extraído de http://www.iasist.com/es/21100/Aportaciones-al-debate-sobre-los-modelos-de-gestion

39 Extraído de http://www.riberasalud.com/wp-content/uploads/2016/12/iasist_informe.pdf

hospitales con gestión distinta a la estrictamente directa presentaron mejores resultados. Eso sí, sin alteraciones en la calidad del servicio.

En el informe también se resaltó la importancia de la correcta interpretación de resultados, al ser estos explicativos exclusivamente de la actividad particular del centro, y no siendo extrapolables al conjunto de la comunidad autónoma a la que pertenece.

El tercer trabajo que es necesario mencionar es el que firmaron Salvador Peiró (dirige el área de Investigación en Servicios de Salud FISABIO|SALUT PUBLICA de la Conselleria de Sanitat de la Generalitat Valenciana) y Ricard Meneu (vicepresidente de la Fundación Instituto de Investigación en Servicios de Salud y Jefe de Sección de Inspección de Servicios Sanitarios en la Conselleria de Sanitat de la Generalitat Valenciana)en el año 2013, bajo el título ***«Eficiencia en la gestión hospitalaria pública: directa vs privada por concesión».***

Los investigadores se marcaron como objetivo revisar el comportamiento de las concesiones frente a los hospitales de gestión directa por la administración (GDA) a partir de algunas evidencias empíricas. Compararon la eficiencia de los modelos a partir de los costes por hospitalización. Para ello, se emplearon, de la Comunidad Valenciana, datos de la Encuesta de Establecimientos Sanitarios con Régimen de internado (EESRI), el Conjunto Mínimo de Datos Básicos (CMBD) y el Padrón. Se resaltaba la limitación que implica el empleo de fuentes diseñadas para otros usos, y la «localidad» de los resultados, no siendo estos extrapolables a otras comunidades autónomas.

Como resultados, se obtuvieron unas relaciones de coste por ingreso menores en las colaboraciones mixtas que en las estrictamente públicas. No obstante, los autores puntualizaron que dicha relación está condicionada por el mayor denominador (es decir, las hospitalizaciones) que tienen los centros adscritos a gestión privada, lo que hace disminuir el producto. Esto no afecta al indicador de gasto hospitalario por habitante, el cual los autores señalan como el relevante para el financiador público. Los autores, a partir de la variabilidad en gasto hospitalario por habitante observada, también destacaban los todavía enormes márgenes de mejora en términos de eficiencia, en cualquier modelo de gestión. Por ello concluían en la necesaria priorización de objetivos, en este caso dar más importancia a la mejora de la eficiencia de todos los centros y la reducción de la variabilidad entre territorios, por delante de la elección de los modelos de gestión.

El siguiente estudio a poner de relieve es el documento de trabajo «***Gestión pública y gestión privada de servicios sanitarios públicos: más allá del ruido y la furia, una comparación internacional***» firmado por Fernando I. Sánchez (Universidad de Murcia), José María Abellán (Universidad de Murcia) y Juan Oliva (Universidad de Castilla La Mancha).

Los autores en este caso realizaban una revisión de la evidencia disponible tanto en España como fuera. En el documento de trabajo ponían de manifiesto las casi nulas aportaciones, exentas de conflictos de interés e independientes, al conocimiento; respecto a la literatura extranjera, los hallazgos reflejaban la indiferencia, siempre en términos de eficiencia, entre los diferentes modelos de gestión. Concluían con un contundente mensaje: «La falta de información sobre los modelos de gestión experimentados en España demuestra que hay un largo camino sobre el que avanzar en las normas de buen gobierno dentro de nuestro sistema sanitario».

Avanzando en la revisión de la literatura que se presenta en este capítulo, cabe destacar manera superficial el «***Eficiencia de las Concesiones Administrativas Sanitarias de la Comunidad Valenciana***» escrito por Carlos Alberto Arenas para Sedisa Siglo XXI. Se expone de manera superficial porque el autor se centra exclusivamente en aspectos económicos, sin valorar indicadores de resultados en salud. Aun así, por el valor que aporta, este documento se considera literatura relevante.

El autor en su estudio analizó el coste económico per cápita comparado de los Departamentos de Salud de la Comunidad Valencia (atención primaria y especializada). Respecto a los resultados, el trabajo exponía que la diferencia media bruta del gasto per cápita en Departamentos de Gestión Pública (19 Departamentos) frente a las Concesiones (5 Departamentos) era de un 22,6 por ciento superior (reducida al 14,2%eliminando un departamento «*outlier*» —Departamento con Hospitales de tercer nivel y/o de escasa población— y al 11,7% eliminando tres departamentos «*outliers*»).

Buceando por literatura más actual y cercana, nos encontramos un trabajo circunscrito al área Sermas, realizado en 2015: «***The impact of New Public Management on efficiency: ananalysis of Madrid's hospitals***», firmado por José M. Alonso (Departamento de Economía de la Universidad de Cantabria), Judith Clifton y Daniel Díaz—Fuentes (respectivamente, Departamento de Planificación Urbana y Regional y Departamento de Análisis de Políticas y Gestión, Universidad de Cornell, EEUU).

En el trabajo se evalúo la eficiencia técnica de las nuevas fórmulas gestión pública (New Public Management) introducidas en los hospitales de Madrid. Para ello se emplearon datos de 25 hospitales públicos (14 operando bajo un modelo de gestión tradicional y 11 con modelos de gestión alternativos). Las fuentes fueron la Encuesta Nacional de Salud para el año 2009 combinados con datos facilitados por la Consejería de Salud de la Comunidad de Madrid. A partir de la metodología de «Análisis Envolvente de Datos» (DEA por sus siglas en inglés, es un método común para medir la eficiencia) se compararon las puntuaciones de eficiencia en hospitales los dos grupos de hospitales. Los autores no encontraron evidencia de que los hospitales con gestiones alternativas fueran más eficientes que los gestionados tradicionalmente. Puntualizaron que la clave no estaba en el modelo de gestión, sino en cómo se ejecutaba ésta diariamente.

Por último, se presenta detalladamente en estas páginas la evidencia empírica más reciente, y quizás más robusta, realizada sobre el tema, presentada en este 2017. El trabajo, capitaneado por Guillem López Casasnovas (director del Centro de Investigación Economía y Salud de la Universidad Pompeu Fabra), y bajo el título «***Colaboración Público-Privada en Sanidad: El modelo Alzira***» ha tenido como objetivo analizar los resultados de tres concesiones administrativas valencianas hospitalarias, La Ribera, Torrevieja y Vinalopó, tanto en indicadores de resultados clínicos como económicos, durante el período 2012—2015. La comparación se realizó con el universo de hospitales catalanes debido a la falta de datos públicos para la Comunidad Valenciana para dicho período.

Para llevar a cabo la investigación se combinaron varias bases de datos:

- El Conjunto Mínimo Básico de Datos (CMBD) de los hospitales de la Ribera, Torrevieja y Vinalopó, tanto el de hospitalización como el de cirugía sin ingreso.
- Los resultados publicados por la Central de Resultats del Sistema Sanitari Integral d'Utilització Pública de Cataluña a nivel hospitalario para el período 2012-2015.

Los resultados de los tres hospitales concesionados fueron analizados desde tres abordajes distintos: 1. Análisis de red para los flujos de pacientes entre los hospitales y la Comunidad Valenciana, 2. Modelo de regresión de datos de panel con efectos fijos para el análisis de los resultados clínicos y económicos a nivel de grupo de forma de gestión comparado con los grupos presentes en el sistema catalán y 3. Aplicando un método de control sintético para analizar la evolución en la financiación de servicios y la mortalidad al alta de los mismos.

Los resultados, para cada uno de los abordajes, fueron:

1. Sobre el análisis de red, se encontró que los tres hospitales analizados atienden, en términos medios ajustados por complejidad, 1371 hospitalizaciones y 310 casos CMA por encima de los derivados a otros centros de la Comunidad Valenciana.
2. Los resultados de los modelos de datos de panel indican que no existen diferencias significativas en términos de adecuación, seguridad, eficiencia y efectividad clínica, ni en indicadores económicos entre los hospitales concesionados y los hospitales catalanes.
3. Del análisis con control sintético se observó que a nivel individual de hospital, ni el financiamiento público ni la mortalidad al alta han tenido una evolución distinta a los respectivos homónimos sintéticos catalanes.

A la luz de los resultados, se concluyó que «tanto a nivel de grupo de gestión hospitalaria como para la casuística de cada uno de los hospitales analizados, no se observan diferencias significativas ni a nivel de indicadores clínicos ni económicos con los hospitales del SISCAT y los datos disponibles. En todo caso, la evidencia presentada apunta hacia una mejor adecuación de procedimientos (cesáreas) y con unos niveles de cirugía mayor ambulatoria superiores a los comparadores. Debido al flujo de pacientes entre departamentos de salud de la Comunidad Valenciana y la carencia de indicadores de complejidad a nivel de paciente individual para el grupo comparador, se han hecho supuestos conservadores sobre la complejidad de los pacientes atendidos en los hospitales, que podrían sesgar al alza las diferencias estimadas»[40].

Buceando en indicadores puramente clínicos, en la comparación con los distintos grupos de gestión hospitalaria catalanes, se encontraron diferencias sistemáticas respecto al grupo de hospitales privados con ánimo de lucro, obteniendo éstos una peor tasa de cesáreas (20 puntos porcentuales por encima), una mayor estancia media en fractura de cuello de fémur (aproximadamente 6 días) y un 7.67% más readmisiones a los 30 días por episodios de diabetes. Cabe destacar también que los resultados en mortalidad al alta para enfermedades seleccionadas y readmisiones a los 30 días para las mismas patologías del grupo de hospitales catalanes privados con ánimo de lucro eran sistemáticamente menor al resto de grupos hospitalarios, incluidos los valencianos, un 2.91% y un 3.17% respectivamente. Se puntualiza que una potencial explicación para estas estimaciones es que, debido a la configuración del sistema hospitalario catalán, los casos más graves dentro de las patologías no son atendidos en estos hospitales, sino que son derivados a otros centros con niveles de especialización mayor, principalmente a los correspondientes a los grupos de gestión pública directa(ICS1) y hospitales de empresas públicas o consorcios en donde más del 50% del accionariado es público (SCS2). Por ello, se descartaba la hipótesis de que éste es el caso para los hospitales concesionados. En conjunto, los hospitales de la Ribera, Torrevieja y Vinalopó obtienen resultados prácticamente idénticos a los de los grupos hospitalarios SCS2, SCS3 (hospitales en donde el accionariado público es menor del 50% y PNFP (fundaciones o asociaciones sin ánimo de lucro), excepto en cesáreas, donde los resultados son mejores. A nivel individual, los resultados del control sintético sugieren que la evolución del financiamiento público de los distintos tipos de actividad, ajustada por complejidad, en ningún caso ha sido superior a la evolución de los comparadores sintéticos catalanes.

En términos de mortalidad al alta, tampoco se encontraron dinámicas contrarias a los resultados obtenidos a nivel de grupo. En términos de dinámicas de derivaciones entre la Comunidad Valenciana

40 Extraído del resumen ejecutivo de Colaboración Público-Privada en Sanidad: El modelo Alzira». Disponible en http://www.fgcasal.org/publicaciones/Colaboracion-Publico-Privada-en-Sanidad-El-Modelo-Alzira.pdf

y los hospitales aquí analizados, cabe destacar a nivel cualitativo la mayor complejidad de los pacientes derivados al hospital de Vinalopó.

En resumen, los hospitales valencianos concesionados obtienen unos resultados en indicadores de salud y económicos cuando menos iguales a los de los grupos catalanes SCS2-3 y PNFP.

Como se comentaba antes, éste es el trabajo más completo, por lo que merece mayor atención. Especialmente, lo ilustraremos con el epígrafe de Salvador Peiró que se puede encontrar en el libro. Estamos, probablemente, ante una de las aportaciones empíricas más importantes que se han realizado al debate sobre la eficiencia y la calidad de las diferentes fórmulas organizativas (gestión directa, consorcios, concesiones, etc.) que se han empleado en España para la provisión de asistencia sanitaria pública, entendiendo por tal la financiada por el asegurador público. Incluye también una interesante (y sugerente) comparación de estas fórmulas con el sector que provee asistencia sanitaria privada financiada por aseguradoras privadas.

Recordemos que el trabajo concluye que «con los datos disponibles no existen diferencias estadísticamente significativas entre los hospitales concesionados y los hospitales del SISCAT, ni en indicadores clínicos ni en económicos». Es una conclusión razonable a partir del elaborado análisis realizado por sus autores, que aprovecha datos de diferentes fuentes para abordar una pregunta (la eficiencia de los diferentes modelos de provisión de asistencia sanitaria pública) que lleva años flotando en el envenenado debate sobre la bondad del modelo concesional que se desarrolló fundamentalmente en las Comunidades de Valencia y Madrid en las dos últimas décadas, impulsado por los gobiernos regionales del Partido Popular.

Como en muchos de los «grandes» debates del país, los argumentos vienen confundidos por no menos «grandes» simplificaciones. Una de ellas, en la que no cae el estudio y en la que aquí no entraremos, es la confusión entre la privatización de la asistencia sanitaria y la gestión privada de la asistencia sanitaria pública. Hoy existen pocas dudas (y prácticamente siempre interesadas) sobre la superior eficiencia de los esquemas de aseguramiento público con cobertura universal frente a los esquemas de aseguramiento privado. Pero las formas de provisión de esa asistencia sanitaria pública (es decir con gestión pública o privada) admiten mucha más discusión.

Otros motivos de confusión, y que a veces se pueden rastrear en el trabajo, se refieren a la perspectiva desde la que se valora la eficiencia de las organizaciones, los incentivos que subyacen en cada modelo, la comparabilidad de lo que se está comparando y las posibilidades de generalización de los resultados de las comparaciones empíricas.

La perspectiva del análisis de eficiencia

La eficiencia, aunque existen muchas definiciones, se refiere intuitivamente a la optimización de la relación entre los inputs (costes, insumos, recursos empleados) y los outputs (bienes producidos o servicios prestados) en un proceso de producción. De forma simple, la idea esencial del concepto de eficiencia es maximizar la relación entre costes y beneficios.

Aunque en el sector salud más que los servicios prestados interesan los resultados obtenidos en términos de ganancia en esperanza de vida y calidad de vida, en las organizaciones sanitarias suele aproximarse el concepto de eficiencia como el menor coste por servicio producido y, típicamente, se emplean el coste por hospitalización (asumiendo que todos los ingresos son similares o se ha realizado algún tipo de ajuste por la casuística atendida), la estancia media de los ingresos (un proxy del coste por hospitalización), o el coste por habitante (asumiendo que las poblaciones tienen necesidades sanitarias equivalentes que se están sirviendo de forma similar).

Pero la eficiencia es un concepto relativo que depende de la perspectiva del análisis. No es lo mismo ser eficiente desde la perspectiva del proveedor de servicios (esto es, optimizar la relación coste/beneficio para un hospital o un grupo de hospitales concretos), que desde la perspectiva del financiador público (optimizar la relación coste/beneficio para el conjunto de hospitales financiados públicamente, sea cual sea su forma jurídica). Cuando se trata de asistencia sanitaria pública, la perspectiva relevante para valorar que es y que no es eficiente es la del financiador público (no la de cada hospital). Como existen posibilidades de traslado de costes entre hospitales, sería esperable que el financiador público hubiera dispuesto instrumentos para que la mejora de la eficiencia en un centro concreto no se consiga a costa de una perdida de eficiencia en otros centros y, sobre todo, de pérdidas de eficiencia para el conjunto del sistema sanitario público.

En el epígrafe del libro recientemente publicado y presentado públicamente «La aproximación empírica: La Ribera, Torrevieja y Vinalopó», dadas las fuentes de datos, no puede evitar adoptar la perspectiva de cada proveedor (de cada grupo de proveedores) para valorar la eficiencia, que es interpretable como la relación entre inputs y outputs para los hospitales de cada categoría jurídica. Pero, por otra parte, también sugiere que el modelo concesional ha mejorado su eficiencia a costa del conjunto de la organización sanitaria pública.

Un hospital se diseña para atender un determinado volumen de, por ejemplo, partos y esto implica que el servicio de obstetricia incurre, hayan o no hayan partos, en determinados costes para pagar sus obstetras, matronas, auxiliares, celadores, vigilancia, quirófanos, luz, etc. Adicionalmente este servicio participa de los gastos comunes del hospital (laboratorios, servicios de imagen, cocina, lavandería, dirección, jardines, mantenimiento, y otros). Todos estos costes se consideran fijos (al menos en el corto plazo) porque se producen con independencia del número de partos ingresados. Cuando una mujer ingresa en el servicio de obstetricia incurre en costes adicionales (pruebas realizadas a esa mujer, medicación, alimentación, lavandería, etc.) que no se producirían sin el ingreso. Estos costes se consideran variables. La suma de los costes fijos (que son independientes de los partos realizados) y el total de variables (que depende del número de partos atendidos) permite calcular un coste medio por parto que la ley de tasas de la Generalitat de 2016 aproximaba a, por ejemplo y entre otros precios, 2.017 euros para un parto sin complicaciones y en 3.483 euros para una cesárea con complicaciones.

En el trabajo se aprecia la notable capacidad de las concesiones para capturar pacientes de otras áreas sanitarias que le son reembolsados a precio de coste medio, mientras que su coste real se situaría próximo al coste variable. Este mecanismo permite reducir de forma ostensible los costes por proceso para estas organizaciones y mejorar su eficiencia como organización aislada.

Pero lo que son beneficios para unos son costes para otros y para el financiador público. Las áreas de origen de estos pacientes desplazados habrán soportado los costes fijos de la estructura para prestar servicios de obstetricia aunque los pacientes hayan recibido tratamiento en otro hospital. El resultado final es que el financiador público habrá financiado los costes fijos en el hospital de origen y los costes totales (fijos + variables) en la concesión donde realmente ha sido atendido, con un incremento del gasto total para el mismo producto y una pérdida de eficiencia global.

El hecho de que un hospital concreto sea más o menos eficiente que otro desde el punto de vista de cada hospital, que es como se valora la eficiencia en el estudio (y en otros estudios, incluyendo los realizados desde algunas instituciones públicas), es una perspectiva inadecuada desde el punto de vista del financiador que debería valorar primordialmente la eficiencia conjunta. En otras palabras, la pregunta que (al menos a corto-medio plazo) debe hacerse el financiador público no es si un tipo de hospital es más eficiente que otro, sino si la presencia de un determinado tipo de hospitales mejora la eficiencia global del sistema sanitario.

La respuesta a esta última pregunta puede cambiar: a) según la perspectiva temporal que se adopte, ya que a largo plazo todos los costes son variables y se podría cerrar o reducir los servicios que pierden pacientes, b) la capacidad para reducir costes de forma flexible en los hospitales de origen, muy difícil con la actual regulación, y c) los incentivos presentes en el contrato, ya que se podrían establecer modelos de reembolso en los que el precio a pagar por paciente desplazado se aproxime al coste marginal y no al coste medio. De hecho, la Generalitat ha empleado estos modelos de costes marginales con otros centros sanitarios.

En todo caso, lo que importa ahora es que en la toma de decisiones —al menos en el corto y medio plazo— la eficiencia relativa de cada modelo organizativo no es tan relevante como la eficiencia del sistema sanitario en su conjunto y, por tanto, convendría evitar el automatismo decisional entre «el coste por ingreso es más bajo en uno u otro modelo» y «el coste más bajo en un modelo u otro se traducirá en reducción de costes para el conjunto del sistema». Es posible, claro, pero no automático, porque las respuestas a la reducción de costes global se sitúan más en el cómo (los incentivos y desincentivos presentes en el contrato) que en el qué (el modelo de gestión).

El problema de los incentivos y los contratos

A propósito de los incentivos que actúan sobre las organizaciones hospitalarias es interesante la perspectiva que se adopta en el trabajo cuando se analiza la llamada «tasa de cesáreas» (la incidencia acumulada de cesárea sobre el total de partos atendidos).

Se asume en el estudio que el valor recomendado por la Organización Mundial de la Salud (OMS) —un 15% de cesáreas, cifra que, todo sea dicho, no tiene un especial sustento empírico— sería una referencia de adecuación a la que deberían tender todas las formas de provisión. En la práctica, los hospitales financiados públicamente se situarían, en cifras redondas e incluyendo las concesiones, algo por encima del 20% sin diferencias significativas entre ellos, mientras que los hospitales de financiación privada, estarían 20 puntos por encima de los de financiación pública y casi triplicando la recomendación de la OMS.

Sin embargo, es previsible que este comportamiento de los hospitales privados sea «eficiente» —en el sentido de maximizar sus beneficios— ya que en los esquemas de reembolso para el parto que usan habitualmente las aseguradoras privadas para reembolsar la atención obstétrica, una cesárea tiene un precio mucho más alto (para el obstetra, la matrona y el hospital) que un parto normal. Un financiador que tuviera como objetivo reducir cesáreas innecesarias podría simplemente modificar el esquema de precios para desincentivar el recurso a la cesárea (por ejemplo, mediante algún tipo de *forfait* con independencia de que el parto finalizará o no en cesárea).

En el caso de los pacientes desplazados desde áreas atendidas por hospitales de gestión directa a las concesiones (o de las concesiones para la realización de pruebas de imagen y otras análogas) la situación es similar. Un financiador público inteligente podría desincentivar el recurso a capturar pacientes aproximando el reembolso de los casos desplazados al coste marginal de la atención prestada y con un cierto escalado decreciente de precios según volumen.

Este aspecto es relevante porque mientras tiende a asumirse que la eficiencia o la calidad de los diferentes tipos de organizaciones es un atributo intrínseco de las mismas, las organizaciones —y más cuanto más flexibles— también responden al diseño de los incentivos por parte del financiador.

Es previsible que un mejor diseño de los incentivos y desincentivos en el contrato por parte del financiador público hubiera evitado buena parte de los aspectos que se critican a las concesiones. Y es importante señalar que la responsabilidad de diseñar un esquema de incentivos que alinee el interés del proveedor de servicios sanitarios públicos con el interés del financiador público es una responsabilidad esencialmente de este último. Nótese que esta responsabilidad existe tanto cuando el proveedor es público (vía regulación, y a nadie se le escapa que la regulación actual de los proveedores públicos dista mucho de estimular su eficiencia) como cuando es privado (vía contratos, y tampoco a nadie se le escapa la dificultad de definir contratos que prevean todas las contingencias posibles en el sector sanitario y, más aun, a plazos de 10-15 años).

La comparabilidad en las comparaciones

No todos los hospitales de gestión directa son iguales ni son gestionados en igual forma. Tampoco las concesiones u otros hospitales que comparten similar régimen jurídico. En la figura inferior, procedente de un trabajo cuyo objetivo no estaba relacionado con la comparación entre formas de gestión [1], puede verse como —en una población de pacientes crónicos con elevada carga de morbilidad— no existían diferencias significativas entre los diferentes Departamentos de Salud de la Comunidad Valenciana en hospitalizaciones evitables o mortalidad al año, un aspecto que sería consistente con los resultados reportados en el estudio comentado, aunque si en visitas a urgencias y visitas al médico general.

Estas diferencias, cuando existen, son difíciles de atribuir a uno u otro modelo de gestión ya que hospitales de ambos modelos se distribuyen por todo el espectro de posiciones en cada indicador y entre los diferentes indicadores. Y aunque se pueden comparar las medias agregando los hospitales bajo cada forma de gestión, la pregunta relevante parece situarse más en que hacen los hospitales mejor situados (de uno u otro modelo) para situarse en mejores (o peores) posiciones, que en preguntarse por el modelo en sí.

Adicionalmente, cuando se comparan medias de modelos organizativos se olvida que el financiador público pueda haber considerado un diseño hospitalario ineficiente como parte de sus políticas. Por ejemplo, la asistencia sanitaria pública cuenta con hospitales claramente ineficientes, por diseño, porque atienden áreas con un volumen tan bajo de población que los costes estructurales pesan demasiado en el coste por ingreso. Es un aspecto que la sanidad comparte con otros servicios públicos como los de transporte o correos en los que se ha optado por asumir un determinado grado de ineficiencia a cambio de mejorar la equidad en el acceso. Estos hospitales, lastrarán la media de la fórmula de gestión en que se sitúen (típicamente en la gestión directa) haciendo al grupo al que pertenezcan más ineficiente.

Hospitalizaciones evitables y mortalidad al año en pacientes crónicos por Departamentos de Salud. Comunidad Valenciana, 2014

Hospitalizaciones evitables hab/año. Mortalidad al año hab/año

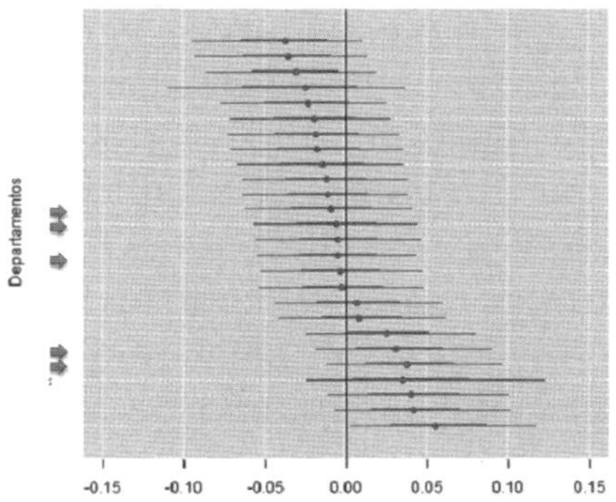

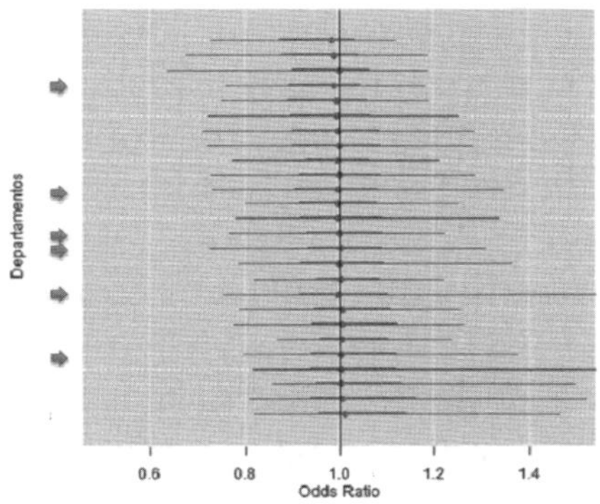

Visitas al S. Urgencias por hab/año Contactos med. General hab/año

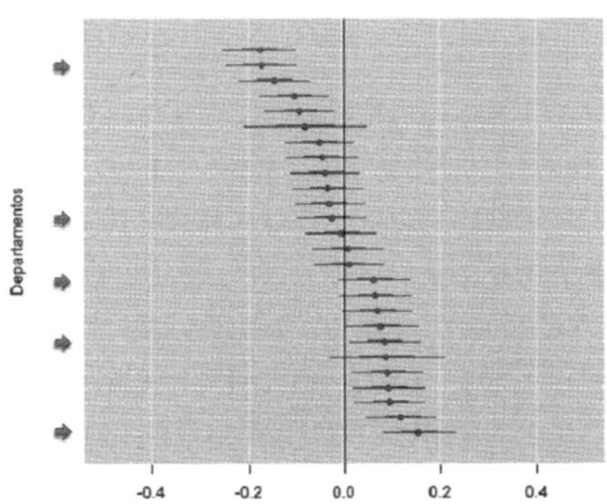

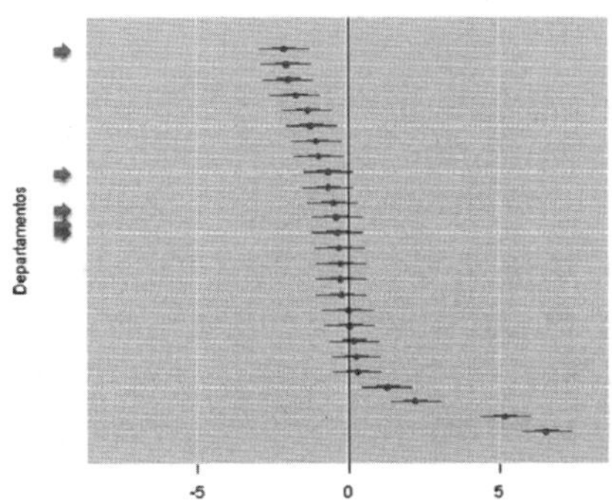

Las flechas indican Departamentos bajo modelo concesión. n=24.000; Muestra aleatoria de 1000 residentes de cada Departamento de Salud con puntuación >5 en la escala CARS (1—7) de cronicidad. Análisis ajustado por edad, sexo, comorbilidad y CRG.

Las flechas indican Departamentos bajo modelo concesión. n=24.000; Muestra aleatoria de 1000 residentes de cada Departamento de Salud con puntuación >5 en la escala CARS (1—7) de cronicidad. Análisis ajustado por edad, sexo, comorbilidad y CRG.

En el mismo sentido, el sistema sanitario público también necesita contar con hospitales terciarios preparados para prestar asistencia de alta complejidad o a enfermedades minoritarias que, aunque sea eficiente concentrarla en un solo hospital, incrementa notablemente la ineficiencia (el coste por actividad) del hospital en que se asientan estos servicios y que, una vez más, suelen ser de gestión directa. También estos hospitales lastrarán a la gestión directa cuando se comparen con otros grupos de hospitales. Es cierto que se pueden ajustar las comparaciones por casuística o por diversos sistemas de ajuste de riesgos, pero es muy improbable que los sistemas de ajuste de riesgos, al menos los más usados actualmente, puedan controlar las diferencias entre hospitales que atienden a pacientes muy diferentes.

Finalmente, hay otros costes estructurales (especialmente los asociados a la docencia o a la investigación) que también suelen ser diferenciales entre unas y otras formas de gestión y que tampoco suelen considerarse en las comparaciones.

3. DISCUSIÓN

Sorprende que tras 20 años de «autorización» para probar con nuevos modelos de gestión en el SNSE se hayan desarrollado tan poco, no más de un 4% del total de camas y, últimamente con una fuerte querencia de volver a lo público. Sorprende menos, que de lo poco experimentado se haya evaluado tan poco y, que apenas se haya puesto el poco sobre los resultados clínicos. Lamentablemente la falta de buenos sistemas de información o de indicadores homogéneos o simplemente del deseo de valorar el desempeño de tu organización de puertas afuera (opacidad), nos lleva a la situación que se ha descrito en este capítulo, que las evaluaciones existentes sean pocas e insuficientes. Por no hablar de reproducibilidad y replicabilidad, casi imposibles.

Seguramente estamos ante interrogantes no resueltos desde hace muchos años en nuestro sector: ¿qué hacemos con el excedente generado en la provisión de servicios sanitarios?; ¿es ético ganar dinero con la salud?; ¿se puede romper el aseguramiento y comprometer la equidad horizontal?; ¿en las experiencias de colaboración público-privada conocida no hay más confrontación que colaboración?; ¿se transfiere el riesgo adecuadamente?; ¿se ejerce el control necesario por parte del regulador?; ¿se ha estado el tiempo necesario para valorar su conveniencia?; ¿se ha demostrado que se da una mejor calidad asistencial a un menor coste?....

No darles respuesta empuja a la rentabilidad política en el corto plazo y como hay demasiada política en la sanidad, supone inacción y freno de la innovación organizativa.

Por último, es crucial la implicación profesional para el éxito en la implantación de cualquier modelo de gestión indirecta o directa. Y no la ha habido, ni la hay, ni se la espera mientras nuestro corsé jurídico sea tan rígido a la par que poco protector (tasa de interinidad inaceptable en la mayoría de territorios) y con una gran tolerancia a una práctica profesional dual que impacta sobre el comportamiento ético y económico. La añadida percepción de la desmotivación profesional tras la crisis financiera tampoco ayuda a que cambie el estado de las cosas, a mejor. Malos tiempos para una política sanitaria que apenas ha sido liderada en estos 20 años que la Ley ha permitido experimentar dentro de lo público.

4. CONCLUSIONES

El capítulo aporta información de interés y, al menos para algunos indicadores que hemos pedido valorar, muestra que no hay diferencias significativas en la eficiencia (o la calidad), medida de forma más o menos «gruesa», entre diferentes modelos de provisión de servicios sanitarios públicos. Lo cierto es que no deja de ser llamativo que las organizaciones de provisión pública, que responden todavía a esquemas semi-funcionariales de organización, extraordinariamente rígidos y aparentemente inadecuados para la prestación de servicios sanitarios, muestren resultados poco distinguibles de la provisión privada.

Pero incluso si los resultados fueran peores en uno u otro, apuntarían sobre todo a la necesidad de cambiar la correspondiente organización en su práctica gestora, no tanto a cambiar el marco jurídico de la gestión. En todo caso, y pese a que la tendencia actual parece ir en sentido contrario, es previsible que las organizaciones de provisión pública tendrán que flexibilizar su régimen laboral y de gestión que, seguramente, es ya casi único en Europa.

Probablemente, la principal lección de esta sucinta revisión, es que quizás no deberíamos discutir tanto de modelos y, quizás, deberíamos discutir algo más de cómo mejorar la situación actual de todos los modelos, sea regulando mejor o vía contratos mejor formulados. La adenda a esta lección sería que deberíamos evitar la generalización desde experiencias concretas a los modelos de provisión en general, ya que en cualquier modelo podemos encontrar centros más y menos eficientes que otros (del mismo modelo o de otros modelos) y, también, centros más o menos eficientes en función, simplemente, del indicador usado para medir la eficiencia. Y, por último, hagamos posible que se pueda evaluar con rigor los *outcomes* en la salud poblacional e individual con menos dificultades de las que hoy en día existe. Más transparencia pues.

Agradecimiento a Jordi Gol-Montserrat,
Coordinador de investigación, Fundación Gaspar Casal

Pollock, A., J. Shaoul y N. Vickers (2002), «Private finance and 'value for money' in NHS hospitals: a policy in search of a rationale?», British Medical Journal, nº 324, pp. 1205-1209

Vecchi, V., M. Hellowell y F. Longo (2010), «Are Italian healthcare organizations payingtoo much for their public-private partnerships?», Public Money & Management, vol. 30,nº 2, pp. 125-132.

CodurasMartínez A, del Llano SeñarísJE, Raigada González F. (2008). Gestión de tres procesos asistenciales según persona jurídica hospitalaria. Madrid: Revista SEDISA Siglo XXI.

IASIST. Evaluación de resultados de los Hospitales en España según su modelo de gestión. 2012.

Peiró S, Meneu R. (2013). Eficiencia en la gestión hospitalaria pública: directa vs privada por concesión. Recuperado de http://nadaesgratis.es/sergi-jimenez/eficiencia-en-la-gestion-hospitalaria-publica-directa-vs-privada-por-concesion

Arenas CA. (2013). Eficiencia de las Concesiones Administrativas Sanitarias de la Comunidad Valenciana.Madrid: Revista SEDISA Siglo XXI.

Sánchez FI, Abellán JM, Oliva J. (2013). Gestión pública y gestión privada de servicios sanitarios públicos: más allá del ruido y la furia, una comparación internacional. Madrid: Documento de trabajo Real Instituto Elcano, vol4.

Alonso JM, Clifton J, Díaz-Fuentes D. (2015). The impact of New Public Management on efficiency: An analysis of Madrid's hospitals. HealthPolicy, 119(3), 333-340.

López-Casasnovas G, del Llano JE (Eds). Colaboración Público-Privada en Sanidad: El modelo Alzira. Ed. Fundación Gaspar Casal; Madrid 2017; ISBN: 978-84-697-5795-6; Depósito Legal: M-25859-2017.

VI. SOBRE EL POSIBLE RETORNO A LA GESTIÓN PÚBLICA EN LA CONCESIÓN DE SERVICIOS SANITARIOS. PROBLEMAS LABORALES E IMPLICACIONES. UNA VISIÓN DE CONJUNTO

Valeriano Gómez
Economista, ex Ministro de Trabajo y
Vicepresidente del Instituto Coordenadas

1. INTRODUCCIÓN

La opción entre mercados y estado, entre interés particular y acción pública, entre gobiernos y empresa privada no ha sido estable a lo largo de los dos últimos siglos. Una reciente obra de P. de Grauwe[41] venía nuevamente a recordar algo que con anterioridad ya había sido subrayado por A.O. Hirschmann hace cuarenta años[42]: la histo-

41 P. DE GRAUWE (2017).
42 A.O. HIRSCHMANN (1982)

ria económica de los últimos doscientos años ha registrado sucesivos movimientos cíclicos. Una suerte de péndulo ha dirigido tales movimientos en los que los gobiernos ganaban influencia respecto de los mercados y el interés estrictamente privado, para contemplar como el sentido de la acción se invertía y pasaban a ser estos últimos los que retornaban a costa del papel del Estado en la economía y en la gestión de ciertos servicios públicos.

La explicación original empleada por Hirschman podría sintetizarse de forma sencilla apelando a que los individuos de forma progresiva terminan siendo escépticos respecto de la capacidad del Estado para resolver de forma adecuada y eficiente sus principales problemas a través de la gestión pública. El desengaño provoca una reacción en forma de preferencia por la gestión privada pero con el transcurso del tiempo la situación se invierte y la desconfianza también afecta al mercado haciendo que los ciudadanos vuelvan a ser más favorables hacia el Estado.

No es solo la historia la que proporciona sólidos argumentos para el escepticismo sobre las posiciones doctrinarias respecto a las formas de gestión y a los problemas que plantean. Frente a lo que se defiende desde ciertos ámbitos, la intervención del estado no origina, cualquiera que sea su forma y las circunstancias en que se produce, una inevitable reducción en el bienestar social. Los gobiernos no son irremediablemente ineficientes. Casi siempre intervienen cuando no hay una suficiente cobertura de las necesidades sociales.

Pero también son seguramente inútiles las ideas de aquellos que plantean la intervención gubernamental ante cualquier problema como si solo hubiera solución en el ámbito de la acción pública sin tener en cuenta la existencia de ciertos límites en sus capacidades.

No es este lugar adecuado para extenderse sobre los argumentos teóricos que justifican la intervención pública en la producción de ciertos bienes y servicios. Pero dado que también son sólidas las razones que justifican la necesidad de corrección de importantes deficiencias en la gestión pública, es mejor ser cautos y poco intransigentes en la defensa de una u otra posición[43].

Durante buena parte del siglo XIX, las economías occidentales desmantelaron buena parte de sus restricciones institucionales —prove-

---

43 Una visión general y de conjunto sobre los problemas teóricos y de política planteados por la intervención del estado y la gestión desde el mercado en la producción de bienes y servicios puede encontrarse en J. E. STIGLITZ et al (1993).

nientes de la etapa mercantilista— y se abrieron de manera decidida al mercado y la competencia. La supresión de estos obstáculos permitió una importante ascensión del comercio internacional y la apertura del comercio interior con la progresiva desaparición de las barreras de todo tipo que rompían el mercado interno dentro de las economías nacionales. Más allá de la actuación pública tradicional, vinculada a la defensa, la justicia y la policía interior, solo pocos servicios en el ámbito estatal eran desarrollados desde el sector público (entre otros, el servicio de correos, el mantenimiento de la incipiente red de transportes terrestres y fluviales, y las instalaciones y servicios portuarios) y, junto a ellos, algunos característicos de las administraciones locales (limpieza, seguridad urbana, regulación del urbanismo).

Aunque ciertos bienes preferentes, como la educación, comenzaron a proporcionarse por el estado con carácter universal y gratuito en algunos países (Alemania y Francia), casi ninguna de las prestaciones públicas que configurarían los estados de bienestar en Europa, comenzaron a establecerse antes de que finalizara el siglo XIX. La excepción vuelve a ser Alemania que desarrollaría el primer sistema público de seguros sociales a partir de 1888. Los sistemas de seguridad social desarrollados posteriormente en casi todos los países del continente europeo, responderían al modelo alemán llegando a ser posteriormente denominados como modelos bismarckianos, en atención al canciller alemán bajo cuyo gobierno fueron aprobados[44].

A lo largo del primer tercio del siglo XX, eran pocos los que creían que la fase de expansión del mercado pudiera detenerse pronto. Sin embargo, el péndulo cambió de dirección. El estallido de la crisis de 1929, y sus dramáticas consecuencias económicas y sociales, abrieron una nueva etapa en la que las sociedades más prósperas cuestionaron abiertamente el sistema de mercado y reclamaron una mayor y más intensa intervención pública. Las características de la actuación del Estado no solo abarcaban la producción de ciertos bienes públicos esenciales para compensar los efectos de la crisis (protección a los desempleados, seguros de accidentes de trabajo, expansión de los sistemas de protección frente a la pobreza mediante pensiones de jubilación) sino también su participación en la producción de bienes y servicios a través de empresas e instituciones públicas.

44 Véase D. E. ASHDORD (1989).

Tras la Segunda Guerra Mundial el crecimiento económico alcanzó pronto niveles extraordinarios en la mayoría de los países occidentales. Fue un crecimiento dirigido desde el Estado. Con distinta intensidad en cada uno de ellos, los principales países occidentales promovieron también actividades económicas esenciales y servicios hasta entonces desarrollados por el mercado. Los programas de nacionalización abarcaron el transporte ferroviario y aéreo, las comunicaciones y el transporte por carretera, la banca, la industria automovilística, la industria petrolífera y sus derivados químicos o los servicios telefónicos.

Junto a ello, también la actuación pública se expandió en el ámbito de los nuevos servicios públicos. Las pensiones y la sanidad fueron desarrolladas de forma apreciable (la educación, al menos en las economías occidentales había registrado un significativo impulso durante el primer tercio del siglo pasado). En los dos casos, con anterioridad a la Segunda Guerra Mundial ambas prestaciones se habían desarrollado de forma incipiente pero nunca con las características de prestación prácticamente universal en que hoy las conocemos.

Es conveniente hacer hincapié en el desarrollo de estos dos grandes servicios públicos —cuya consideración desde el punto de vista económico sería la de bienes preferentes— porque aunque con posterioridad a esta fase de gran expansión del papel del Estado se propagaría una nueva era de retorno al mercado, ninguna de las dos prestaciones consideradas se vería directamente afectada por este proceso de retirada del Estado que, convencionalmente, suele datarse en los últimos años setenta y primeros ochenta del pasado siglo.

Aunque la respuesta frente a lo que se calificó entonces como «fallos del estado», no alcanzó al corazón de los estados de bienestar (los gastos sociales siguieron alcanzando niveles importantes en las principales funciones como los gastos en pensiones, educación y sanidad), pronto se replanteó el papel de la actuación pública en la producción de bienes y servicios. Las industrias automovilísticas, las químicas y petrolíferas, los servicios bancarios, la producción y distribución de energía eléctrica y, casi todo lo que se mantuvo en la esfera pública en las cuatro décadas anteriores retornó al mercado. Una intensa ola de privatizaciones volvió a introducir el mercado en el ámbito de actividades de las que había permanecido alejado durante casi medio siglo.

Los argumentos no eran, solo económicos. Nuestras sociedades, se decía, no podían seguir financiando la expansión de los costes de la actuación pública. También se apelaba a la excepcionalidad histórica: la etapa dorada de la postguerra en Europa y las economías occidentales solo fue posible en unas condiciones específicas difícilmente reproducibles como lo eran la experiencia del fascismo, el temor a la Gran Depresión y el gran auge económico que Europa y buena parte del mundo experimentó tras la Segunda Guerra Mundial[45].

Aun así, la respuesta frente a lo que se calificó entonces como «fallos del estado», no alcanzó al corazón de los estados de bienestar (los gastos sociales siguieron alcanzando niveles importantes en las principales funciones como los gastos en pensiones, educación y sanidad), pronto se replanteó el papel de la actuación pública en la producción de bienes y servicios. Las industrias automovilísticas, las químicas y petrolíferas, los servicios bancarios, la producción y distribución de energía eléctrica y, casi todo lo que se mantuvo en la esfera pública en las cuatro décadas anteriores retornó al mercado. Una intensa ola de privatizaciones volvió a introducir el mercado en el ámbito de actividades de las que había permanecido alejado durante casi medio siglo.

Con el tiempo, la reacción del mercado también llegó al interior de las empresas. La nueva cultura sustituyó organizaciones jerárquicas que, así se sostenía, ahogaban la innovación y la creatividad por nuevas estructuras de incentivos en el ámbito interno (retribuciones vinculadas al rendimiento, apertura de los abanicos salariales) y una estrategia de impulso a los procesos de externalización productiva como elemento principal a la hora de generar ganancias de eficiencia.

Una de las paradojas de esta nueva etapa debe ser destacada. El nuevo giro hacia el mercado insistía en sus virtudes como autorregulador de la actividad económica. Frente al Estado, poco eficiente y muy burocratizado, el mercado aparecía de nuevo como la institución más adecuada para asegurar el crecimiento con eficiencia. Y, sin embargo, junto a esta apología de las virtudes del mercado, un nuevo ámbito de la actuación pública comenzó a desarrollarse: la regulación económica.

Aunque el nuevo enfoque de la regulación venía de la mano del apoyo a la retirada del Estado en la provisión de ciertos bienes y servicios públicos, apareció como una vía intermedia en el debate entre el

45 Véase T. JUDT (2006).

estado y el mercado: lo más importante no era tanto quien presta los servicios sino, más bien, como se regula su producción. En el ámbito de los servicios públicos que no constituyen un monopolio natural la regulación debe asegurar las condiciones de competencia en el mercado y, cuando se trata de un solo proveedor, sea público o privado, el objetivo debe ser el establecimiento de condiciones de transparencia, calidad en su prestación y acceso universal y equitativo, en ocasiones con la existencia de tarifas y precios públicos.

Por supuesto, el proceso privatizador no fue uniforme en la mayoría de los países occidentales. Ciertos estados mantuvieron posiciones de dominio en la propiedad de empresas que actuaban en ámbitos económicos como el automóvil (Francia o Alemania), la energía eléctrica (Italia, Francia o Alemania) o el transporte ferroviario (Alemania, Francia o España), mientras que otros llevaron su estrategia de privatizaciones hacia ámbitos novedosos como el transporte terrestre por carretera (España y Reino Unido) o por ferrocarril (Reino Unido) o la distribución y producción de gas, productos petrolíferos y energía eléctrica (España y, parcialmente, Francia).

La nueva respuesta privatizadora, claramente visible en el ámbito de la producción de importantes bienes y servicios, no tuvo una significación similar en el ámbito de la provisión de los servicios más importantes y característicos del Estado de Bienestar. De hecho en el ámbito de las pensiones y la sanidad se registraron procesos ampliamente dispares en las sociedades occidentales más avanzadas.

Por supuesto, en términos generales se mantuvo la gran divisoria trazada durante la primera mitad del siglo XX alrededor de la provisión de bienes como la sanidad o la pensiones en modelos de corte *bismarck* o continental y los modelos de tipo *berveridge* o anglosajón. En el primer caso la provisión se realizaba mediante una financiación no universal pero basada en cotizaciones sociales sobre los salarios y en el segundo se llevaba a cabo a través de tributos que permitían una provisión universal mínima para todos, fueran o no cotizantes a los sistemas de seguridad social nacionales[46].

Sin embargo las excepciones a esta tónica general no fueron escasas y España fue precisamente una de ellas. Las pensiones se mantu-

46 Para una panorámica de conjunto sobre la evolución de la política pública en el ámbito de la seguridad social (esencialmente pensiones y sanidad) puede verse M. S. GORDON (1990), *La política de seguridad social en los países avanzados*. Ed. Ministerio de Trabajo y Seguridad Social, 1990.

vieron a lo largo del último medio siglo dentro de un modelo esencialmente público pero financiado mediante cotizaciones sociales en un esquema cada vez más contributivo que fijaba el nivel de las cuantías percibidas tras la jubilación de forma proporcional a las contribuciones de un periodo de tiempo cada vez más amplio[47]. A su vez, ello era compatible con la existencia de un nivel privado de carácter complementario conformado a través de planes y fondos de pensiones privados de carácter individual o colectivo a través de acuerdos de empresa en el ámbito de la negociación colectiva.

Por su parte, las prestaciones sanitarias tuvieron en España una evolución que fue desplazándolas desde un modelo inicial similar al alemán con fondos de enfermedad (el Seguro Obligatorio de Enfermedad, SOE) que daba una cobertura fundamentalmente relacionada con el empleo (complementada en nuestro caso con un sistema de corte asistencial y benéfico a través de las instituciones provinciales y, en algunos casos, municipales), hacia otro de carácter público, y habitualmente gratuito y no vinculado al empleo o a sistemas de carácter profesional.

Como es sabido, en España el punto de inflexión de este proceso de progresivo tránsito hacia un modelo de sistema nacional universal en el ámbito de la sanidad debe situarse en 1985, año de la aprobación de la Ley General de Sanidad cuyo efectos, especialmente en el ámbito financieros, terminaron abandonando por completo la financiación a través de una significativa parte de las cotizaciones sociales (la figura de las contingencias comunes en el terrenos de las cotizaciones sociales significaba precisamente la financiación a través de ellas de las prestaciones de jubilación y, entre otras de las de carácter sanitario).

De ahí que deba subrayarse esta suerte de desfase temporal entre la evolución general y el curso propio de la política sanitaria. Mientras que en buena parte de Europa en 1985 se vivía ya una fase de reacción contra el Estado a la que se ha hecho referencia con anterioridad, en España (y en algunos otros países avanzados) se registraba un proceso inverso de mayor compromiso del Estado en las prestaciones sanitarias.

47 En la actualidad nos encontramos desde el punto de vista legal en un periodo transitorio que finalizará contemplando los últimos 25 años de vida laboral en el método de fijación de la cuantía de la pensión de jubilación.

2. EL DESARROLLO DEL SISTEMA NACIONAL DE SALUD EN ESPAÑA Y EL PAPEL DE LOS SISTEMAS DE COLABORACIÓN ENTRE EL SECTOR PÚBLICO Y LA GESTIÓN PRIVADA

El establecimiento en 1985 del Sistema Nacional de Salud debe ser considerado como uno de los acontecimientos más significativos en el desarrollo de las políticas de bienestar social en España. Es verdad que el ejercicio efectivo del derecho a la salud ya había obtenido con anterioridad un impulso substancial, pero la Ley General de Sanidad (LGS en adelante) declaraba la voluntad de crear un sistema general, integrado y de responsabilidad pública. Junto a ello, la coincidencia en el tiempo del despliegue de las previsiones de la LGS con la creación y expansión del Estado autonómico confiere al proceso una especial trascendencia.

La exposición de motivos de la LGS insiste en el carácter desintegrado y dispar de la estructura sanitaria española durante el medio siglo anterior a su aprobación

> *(....) Ante la imposibilidad o la falta de convicción en la necesidad de organizar un sistema sanitario que integrase tantas estructuras dispersas, se ha asentado la idea de que, manteniendo separadas las diversas estructuras sanitarias públicas, la coordinación podría ser la respuesta a las necesidades de racionalización del sistema. El ensayo es ya viejo. Se intenta implantar primero en el ámbito de las Administraciones locales con la Ley de Coordinación Sanitaria de 11 de julio de 1934. Luego, con carácter más general y también en el ámbito de los servicios centrales, con la Ley de Hospitales de 21 de julio de 1962, y mediante la creación de un extensísimo número de Comisiones Interministeriales, que fluyen como un verdadero aluvión, planteando al final el problema de coordinar a los órganos coordinadores.*
>
> *Paralelamente, en el año 1942, mediante Ley de 14 de diciembre, se constituye el Seguro Obligatorio de Enfermedad, bajo el Instituto Nacional de Previsión. Este sistema de cobertura de los riesgos sanitarios, alcanzado a través de una cuota vinculada al trabajo, se ha desarrollado enormemente como consecuencia del proceso paulatino de expansión económica que ha surgido en nuestro país desde 1950, pero especialmente en los años sesenta y principios de los setenta. El Seguro Obligatorio de Enfermedad, desde su creación y su posterior reestructu-*

ración mediante el Decreto 2065/1974, de 30 de mayo —por el que se aprueba el texto refundido de la Ley General de la Seguridad Social, en el que se cristaliza el actual sistema de Seguridad Social— hasta hoy, ha ido asumiendo mayor número de patologías dentro de su cuadro de prestaciones y, al mismo tiempo, ha sido un sistema que ha ido progresivamente incluyendo mayor número de personas y colectivos dentro de su esquema de Seguro Sanitario. En la actualidad este sistema sanitario de Seguridad Social está muy evolucionado, siendo gestor autónomo de una estructura sanitaria extendida por todo el territorio nacional, constituyendo la red sanitaria más importante de nuestro país.

Aunque con la creación, ya en tiempos muy recientes, de un Ministerio de Sanidad, se han podido mejorar algunos de los problemas recibidos, no es menos cierto que se ha mantenido una pluralidad de sistemas sanitarios funcionando en paralelo, derrochándose las energías y las economías públicas y sin acertar a establecer estructuras adecuadas a las necesidades de nuestro tiempo. No obstante, ha sido posible mantener un nivel razonablemente eficiente en nuestra Sanidad que, sin duda, podrá mejorarse y hacer más rentable y eficaz si se impulsa con firmeza el establecimiento de un nuevo sistema unitario adaptado a las nuevas necesidades.

Con la transferencia de las competencias ejecutivas a las Comunidades Autónomas, los objetivos declarados por la LGS pasan a ser de atribución autonómica y constituyen sus principales cometidos en el terreno sanitario. Una vez más merece la pena destacar lo subrayado a este respecto en la Exposición de motivos de la LGS:

La incidencia de la instauración de las Comunidades Autónomas en nuestra organización sanitaria tiene una trascendencia de primer orden. Si no se acierta a poner a disposición de las mismas, a través de los procesos de transferencias de servicio, un dispositivo sanitario suficiente como para atender las necesidades sanitarias de la población residente en sus respectivas jurisdicciones, las dificultades organizativas tradicionales pueden incrementarse, en lugar de resolverse. En efecto, si las Comunidades Autónomas sólo recibieran algunos servicios sanitarios concretos, y no bloques orgánicos completos, las transferencias de servicios pararían en la incorporación de una nueva Administración pública al ya complejo entramado de entes públicos con responsabilidades sobre el sector.

(....) La directriz sobre la que descansa toda la reforma que el presente Proyecto de Ley propone es la creación de un Sistema Nacional de Salud. Al establecerlo se han tenido bien presentes todas las experiencias organizativas comparadas que han adoptado el mismo modelo, separándose de ellas para establecer las necesarias consecuencias derivadas de las peculiaridades de nuestra tradición administrativa y de nuestra organización política.

El eje del modelo que la Ley adopta son las Comunidades Autónomas, Administraciones suficientemente dotadas y con la perspectiva territorial necesaria para que los beneficios de la autonomía no queden empeñados por las necesidades de eficiencia en la gestión. El Sistema Nacional de Salud se concibe así como el conjunto de los servicios de salud de las Comunidades Autónomas convenientemente coordinados. El principio de integración para los servicios sanitarios en cada Comunidad Autónoma inspira el artículo 50 de la Ley: «En cada Comunidad Autónoma se constituirá un Servicio de Salud integrado por todos los centros, servicios y establecimientos de la propia Comunidad, Diputaciones, Ayuntamientos y cualesquiera otras Administraciones territoriales intracomunitarias, que estará gestionado como se establece en los artículos siguientes bajo la responsabilidad de la respectiva Comunidad Autónoma[48].

De acuerdo a lo establecido en artículo 43 de la Constitución *(«1. Se reconoce el derecho a la protección de la salud. 2. Compete a los poderes públicos organizar y tutelar la salud pública a través de medidas preventivas y de las prestaciones y servicios necesarios. La ley establecerá los derechos y deberes de todos al respecto»)*, la Ley General de Sanidad se plantea como principal objetivo «*la regulación general de todas las actuaciones que permitan hacer efectivo el derecho a la protección de la salud reconocido en el artículo 43 y concordantes de la Constitución*».

Dado que uno de los instrumentos esenciales para el logro de los objetivos planteados en la LGS es la «*creación de una red integrada de hospitales del sector público*» lo que a partir de ese momento se desarrollará es casi en exclusiva una red hospitalaria de carácter autonómico cuya necesidad de expansión se hace descansar sobre los nuevos titulares de la ejecución de la política sanitaria.

48 *Ley 14/1986, de 25 de abril, General de Sanidad.* BOE, 102, 29 de abril de 1986

El gasto sanitario público en España como porcentaje del PIB entre 1985 y 2011 (año en que alcanzaría su máximo) ascendió desde el 4,1% hasta el 6,8% lo que representó un crecimiento del 66%. En 2016 el gasto sanitario en términos de PIB ascendía a 6,34%. Por su parte, el gasto per cápita en términos nominales se multiplicó por más de 6 veces en el mismo periodo.

No es necesario subrayar que una expansión tan intensa en el gasto sanitario exigió una enorme dosis de esfuerzo financiero y de búsqueda de la eficiencia en el coste de los servicios por parte de las Comunidades Autónomas. Al fin y al cabo, el gasto en salud representa alrededor de 1/3 del gasto autonómico total[49]. Si se tiene en cuenta que la evolución del gasto en las tres décadas transcurridas desde 1985 supone un crecimiento nominal equivalente a 10 veces el gasto existente en 1985, que el gasto real total se ha triplicado y que el gasto real per cápita se ha más que duplicado en las últimas tres décadas[50] la magnitud del impulso conferido a las prestaciones sanitarias en España adquiere una dimensión mucho más precisa.

Aunque, en paralelo con la expansión del gasto en prestaciones sanitarias, las CCAA han aumentado sustancialmente sus ingresos respecto a los que tenían cuando se inició la transferencia efectiva de competencias, lo cierto es que nunca —quizás con la excepción de las Comunidades Autónomas del País Vasco y Navarra— alcanzaron un nivel que permitiera aproximarse a la suficiencia. Pero, además, la crisis iniciada en 2008 afectó profundamente a la finanzas públicas y desató una etapa de reducciones en el gasto que influyó de forma muy intensa en el gasto sanitario. Las tensiones financieras en las Comunidades Autónomas fueron enormes y sus dificultades no hicieron sino aumentar con el transcurso del tiempo. Solo en los últimos cinco años, el gasto educativo se ha reducido en más de 6.000 millones de euros (en torno al -0,6% del PIB) mientras que el descenso en el gasto sanitario ha sido aun mayor, más de 7.000 millones de euros (alrededor de 0,7 puntos de PIB).

En este contexto general la colaboración entre el sector público y el privado y también, por cierto, la colaboración interadministrativa

49 PGE. *Informe Económico financiero y libro amarillo del Presupuesto*. Ediciones de diversos años en el periodo 1985-2017. Los porcentajes del gasto en salud como parte del total autonómico oscilan en cada CCAA en una banda media de entre 25-35%.

50 Ver a este respecto J. MALUQUER DE MOTES (2013) y MINISTERIO DE EMPLEO, *Anuario de Estadísticas Laborales. Cuentas integradas de protección social.*

entre la distintas comunidad autónomas aparecen como opciones abiertas y, desde distintas perspectivas, absolutamente deseables. Las previsiones contenidas al respecto en la LGS deben recordarse (artículos 66 y 67 de la LGS):

Artículo sesenta y seis

1. *Formará parte de la política sanitaria de todas las Administraciones Públicas la creación de una red integrada de hospitales del sector público. Los hospitales generales del sector privado que lo soliciten serán vinculados al Sistema Nacional de Salud, de acuerdo con un protocolo definido, siempre que por sus características técnicas sean homologables, cuando las necesidades asistenciales lo justifiquen y si las disponibilidades económicas del sector público lo permiten.*
2. *Los protocolos serán objeto de revisión periódica.*
3. *El sector privado vinculado mantendrá la titularidad de centros y establecimientos dependientes del mismo, así como la titularidad de las relaciones laborales del personal que en ellos preste sus servicios.*

Artículo sesenta y siete

1. *La vinculación a la red pública de los hospitales a que se refiere el artículo anterior se realizará mediante convenios singulares.*
2. *El Convenio establecerá los derechos y obligaciones recíprocas en cuanto a duración, prórroga, suspensión temporal, extinción definitiva del mismo, régimen económico, número de camas hospitalarias y demás condiciones de prestación de la asistencia sanitaria, de acuerdo con las disposiciones que se dicten para el desarrollo de esta Ley. El régimen de jornada de los hospitales a que se refiere este apartado será el mismo que el de los hospitales públicos de análoga naturaleza en el correspondiente ámbito territorial.*
3. *En cada Convenio que se establezca de acuerdo con los apartados anteriores, quedará asegurado que la atención sanitaria prestada por hospitales privados a los usuarios del Sistema Sanitario se imparte en condiciones de gratuidad, por lo que las actividades sanitarias de dicho hospital no podrán tener carácter lucrativo. El cobro de cualquier cantidad a los enfermos en concepto de atenciones no sanitarias, cualquiera que sea la naturaleza de éstas, podrá ser establecido si previamente son*

autorizados por la Administración Sanitaria correspondiente el concepto y la cuantía que por él se pretende cobrar.

4. Serán causas de denuncia del Convenio por parte de la Administración Sanitaria competente las siguientes: a) Prestar atención sanitaria objeto de Convenio contraviniendo el principio de gratuidad. b) Establecer sin autorización servicios complementarios no sanitarios o percibir por ellos cantidades no autorizadas. c) Infringir las normas relativas a la jornada y al horario del personal del hospital establecidas en el apartado 2. d) Infringir con carácter grave la legislación laboral de la Seguridad Social o fiscal. e) Lesionar los derechos establecidos en los artículos 16, 18, 20 y 22 de la Constitución cuando así se determine por Sentencia. f) Cualesquiera otras que se deriven de las obligaciones establecidas en la presente Ley. 5. Los hospitales privados vinculados con el Sistema Nacional de la Salud estarán sometidos a las mismas inspecciones y controles sanitarios, administrativos y económicos que los hospitales públicos, aplicando criterios homogéneos y previamente reglados[51].

También la Ley de Contratos del Sector Público (LCSP) prevé otras fórmulas para la vinculación del sector privado a la provisión de prestaciones públicas en el ámbito sanitario (sin que, a diferencia de lo previsto en los artículos antes señalados por la LGS, la titularidad del recurso hospitalario de la red sea privado). Se trata de la posibilidad ofrecida en los artículos 275, 277 y 281 del la citada Ley.

CAPÍTULO III Contrato de gestión de servicios

Artículo 275. *1. La Administración podrá gestionar indirectamente, mediante contrato, los servicios de su competencia, siempre que sean susceptibles de explotación por particulares. En ningún caso podrán prestarse por gestión indirecta los servicios que impliquen ejercicio de la autoridad inherente a los poderes públicos. 2. El contrato expresará con claridad el ámbito de la gestión, tanto en el orden funcional, como en el territorial.*

Artículo 277. *Modalidades de la contratación. La contratación de la gestión de los servicios públicos podrá adoptar las siguientes modalidades:*

51 Ley 14/1986, de 25 de abril, General de Sanidad. BOE 102, 29 de abril de 1986.

a) ***Concesión****, por la que el empresario gestionará el servicio a su propio riesgo y ventura (...)*

c) ***Concierto*** *con persona natural o jurídica que venga realizando prestaciones análogas a las que constituyen el servicio público de que se trate.*

d) ***Sociedad de economía mixta*** *en la que la Administración participe, por sí o por medio de una entidad pública, en concurrencia con personas naturales o jurídicas.*[52]

La LCSP establece otras posibilidades de colaboración que por razones de espacio no expondremos y que, en cualquier caso, ofrecen un relativamente amplio horizonte de figuras jurídicas(algunas de la cuales como la sociedades mixtas todavía no han llegado a ser utilizadas) para cualquier desarrollo de este tipo de opciones al alcance de las administraciones públicas[53].

Por supuesto, la opción por cualquiera de los instrumentos de colaboración anteriormente citados es, esencialmente, una opción de contenido político y económico. Algunas CCAA se han inclinado por la utilización de las posibilidades abiertas en la LGS. Por ejemplo, en el caso de Cataluña, mediante la vinculación a la red pública de hospitales y recursos de titularidad privada[54]. Otras, la Comunidad de Madrid y la Comunidad Valenciana son un buen ejemplo, lo hicieron a través de los instrumentos establecidos en la LCSP, mediante concesiones de servicios públicos. Mientras que el resto han optado por la utilización de fórmulas que, en lo fundamental, persiguen la flexibilización de la actuación del sector público a través de la creación de entidades (fundaciones, empresas o agencias) distintas de la administración pública directa pero pertenecientes al sector público estatal.

Desde el punto de vista económico, las opciones posibles deberían estar orientadas en función del cumplimiento de las condiciones de eficiencia económica, equidad y extracción de rentas que deben presidir la actuación pública en el ámbito de la política sanitaria[55]. Es

---

52 *Ley de Contratos del Sector Público.* BOE, Real Decreto Legislativo 3/2011, de 14 de noviembre.

53 La LCSP permitiría también figuras contractuales distintas a las citadas a través de los contratos de concesión de obras públicas así como los contratos de colaboración entre el sector público y privado.

54 *Ley 1/1990 de Ordenación Sanitaria de Cataluña,* y posteriores decretos de desarrollo, el más importante de los cuales es el Decreto 196/2010, de 14 de diciembre, del *Sistema Sanitario Integral de Utilización Pública de Cataluña.*

55 Véase al respecto STIGILTZ, J.E. et. alt. (1993), STIGLITZ, J.E. (2000) y SAPPINGTON, D. y STIGLITZ, J.E. (1987).

cierto que, en el contexto de las principales economías avanzadas nuestro sistema sanitario se desenvuelve de forma apreciable y se encuentra entre los más eficientes del mundo. Sin embargo, sigue creciendo la brecha entre una capacidad de oferta de servicios, necesariamente limitada dadas las restricciones financieras impuestas por la crisis, y una demanda cuyas perspectivas de crecimiento a medio y largo plazo no se detendrán como consecuencia del mayor grado deenvejecimiento progresivo de España entre las sociedades avanzadas.

3. EL RESCATE DE LAS CONCESIONES EN LA GESTIÓN DE SERVICIOS PUBLICOS. PROBLEMAS E IMPLICACIONES DESDE LA PERSPECTIVA LABORAL

Como se expuso anteriormente, algunas CCAA, Madrid y Valencia de forma destacada, optaron por un modelo de colaboración entre el sector público y el privado en el terreno sanitario a través de fórmulas distintas a las contempladas en la LGS y previstas en la legislación de contratos públicos. Una de las figuras utilizadas, la concesión, era más conocida en otros espacios de la Administración Pública en cuanto sigue siendo la figura más habitual en ámbitos como los servicios públicos locales o la construcción y mantenimiento de obras e infraestructuras públicas. De ahí que algunos de los problemas de índole laboral a los que a continuación vamos a hacer referencia tengan ya una relativamente larga tradición en cuanto a su tratamiento legal y sus implicaciones cuando se produce el fin de la concesión.

Cuando se defiende la conveniencia de la apelación a la gestión privada mediante la asunción de fórmulas de gestión desde el mercado de servicios antes gestionados en el ámbito público, los argumentos, en ocasiones muy sólidos, han sido similares a los empleados en otros terrenos de las políticas públicas y la gestión económica que ya hemos reseñado con anterioridad. Una limitada capacidad pública en la prestación de los servicios, un grado de impulso innovador muy escaso y una insuficiente calidad del servicio, producto de la brecha entre demanda y oferta de servicios casi siempre motivada por una escasa capacidad financiera de las Administraciones Públicas gestoras que, como en el caso de las CCAA, habían abordado grandes iniciativas de expansión de los servicios sanitarios a lo largo del último cuarto de siglo[56].

Sin embargo, cuando una concesión finaliza porque se produce su rescate anticipado o el vencimiento del plazo previsto en el contrato y la Administración pública correspondiente decide volver a asumir la gestión de forma directa o a través de otros medios distintos en el ámbito del sector público, aparecen un conjunto de problemas que en la perspectiva laboral pueden llegar a cuestionar no solo la virtualidad del rescate sino la propia viabilidad del modelo concesional como instrumento de la política pública.

Desde el punto de vista normativo el retorno a la gestión pública produce un conflicto entre dos lógicas distintas. Desde el lado de la legislación laboral un proceso similar llevaría en buena parte de los casos, aunque no en todos, a la aplicación del principio de sucesión de empresa contemplado en el artículo 44 del Estatuto de los Trabajadores (ET):

Artículo 44. *La sucesión de empresa*

1. *El cambio de titularidad de una empresa, de un centro de trabajo o de una unidad productiva autónoma no extinguirá por sí mismo la relación laboral, quedando el nuevo empresario subrogado en los derechos y obligaciones laborales y de Seguridad Social del anterior, incluyendo los compromisos de pensiones, en los términos previstos en su normativa específica, y, en general, cuantas obligaciones en materia de protección social complementaria hubiere adquirido el cedente.*
2. *A los efectos de lo previsto en este artículo, se considerará que existe sucesión de empresa cuando la transmisión afecte a una entidad económica que mantenga su identidad, entendida como un conjunto de medios organizados a fin de llevar a cabo una actividad económica, esencial o accesoria.(…)*
4. *Salvo pacto en contrario, establecido mediante acuerdo de empresa entre el cesionario y los representantes de los trabajadores una vez consumada la sucesión, las relaciones laborales de los trabajadores afectados por la sucesión seguirán rigiéndose por el convenio colectivo que en el*

56 Para una visión general de los problemas planteados por la externalización de servicios referida especialmente al ámbito local puede verse GÓMEZ, V. (2017a) y una versión resumida en GÓMEZ, V. (2017b).

momento de la transmisión fuere de aplicación en la empresa, centro de trabajo o unidad productiva autónoma transferida. Esta aplicación se mantendrá hasta la fecha de expiración del convenio colectivo de origen o hasta la entrada en vigor de otro convenio colectivo nuevo que resulte aplicable a la entidad económica transmitida. (…)[57].

En los casos de retorno a la gestión pública de un elemento de la red hospitalaria anteriormente gestionado por una empresa privada, la aplicación del artículo 44.2 y 44.3 ET conllevaría la subrogación en la relación laboral por parte del nuevo gestor. Sin embargo, dado que la nueva entidad gestora es pública, la aplicación del Estatuto del Empleado Público resulta inevitable y la consideración de los trabajadores y empleados de la entidad privada como nuevos empleados públicos estaría sujeta a la acreditación de las características necesarias respecto del mérito y la capacidad de aquellos que pasen a engrosar las plantillas públicas. Los artículos 55 y 56 del Estatuto Básico del Empleado Público (EBEP) son los aplicables en primera instancia:

TÍTULO IV

Adquisición y pérdida de la relación de servicio

Artículo 55. *Principios rectores*

1. *Todos los ciudadanos tienen derecho al acceso al empleo público de acuerdo con los principios constitucionales de igualdad, mérito y capacidad, y de acuerdo con lo previsto en el presente Estatuto y en el resto del ordenamiento jurídico.*
2. *Las Administraciones Públicas, entidades y organismos a que se refiere el artículo 2 del presente Estatuto seleccionarán a su personal funcionario y laboral mediante procedimientos en los que se garanticen los principios constitucionales antes expresados, así como los establecidos a continuación:*
    - *a) Publicidad de las convocatorias y de sus bases.*
    - *b) Transparencia.*
    - *c) Imparcialidad y profesionalidad de los miembros de los órganos de selección.*

57 BOE, Real Decreto Legislativo 2/2015, de 23 de octubre, por el que se aprueba el texto refundido de la *Ley del Estatuto de los Trabajadores*.

d) Independencia y discrecionalidad técnica en la actuación de los órganos de selección.
e) Adecuación entre el contenido de los procesos selectivos y las funciones o tareas a desarrollar.
f) Agilidad, sin perjuicio de la objetividad, en los procesos de selección.

Artículo 56. *Requisitos generales*

1. Para poder participar en los procesos selectivos será necesario reunir los siguientes requisitos:
a) Tener la nacionalidad española, sin perjuicio de lo dispuesto en el artículo siguiente.
b) Poseer la capacidad funcional para el desempeño de las tareas.
c) Tener cumplidos dieciséis años y no exceder, en su caso, de la edad máxima de jubilación forzosa. Sólo por ley podrá establecerse otra edad máxima, distinta de la edad de jubilación forzosa, para el acceso al empleo público.
d) No haber sido separado mediante expediente disciplinario del servicio de cualquiera de las Administraciones Públicas o de los órganos constitucionales o estatutarios de las Comunidades Autónomas, ni hallarse en inhabilitación absoluta o especial para empleos o cargos públicos por resolución judicial, para el acceso al cuerpo o escala de funcionario, o para ejercer funciones similares a las que desempeñaban en el caso del personal laboral, en el que hubiese sido separado o inhabilitado. En el caso de ser nacional de otro Estado, no hallarse inhabilitado o en situación equivalente ni haber sido sometido a sanción disciplinaria o equivalente que impida, en su Estado, en los mismos términos el acceso al empleo público.
e) Poseer la titulación exigida.

2. Las Administraciones Públicas, en el ámbito de sus competencias, deberán prever la selección de empleados públicos debidamente capacitados para cubrir los puestos de trabajo en las Comunidades Autónomas que gocen de dos lenguas oficiales.

3. Podrá exigirse el cumplimiento de otros requisitos específicos que guarden relación objetiva y proporcionada con las funciones asumidas y las tareas a desempeñar. En todo caso, habrán de establecerse de manera abstracta y general.[58]

---

58 *BOE, Ley 7/2007, de 12 de abril, del Estatuto Básico del Empleado Público,* Abril 2007.

La aplicación de la acreditación de los principios de mérito y capacidad, sancionados constitucionalmente, para el acceso a la condición de empleados públicos obliga, pues, a la realización y consiguiente superación de pruebas específicas por parte de los trabajadores de la concesión. En su defecto, ello implica que los trabajadores de los servicios contratados en concesión solo podrían acceder al nuevo servicio, de carácter autonómico para el caso de las concesiones de carácter sanitario, en la condición de trabajadores que tendrían un contrato laboral como «indefinido no fijo». La figura citada no es, merece la pena recordarlo, una construcción normativa sino de la jurisprudencia. Han sido los jueces y la doctrina jurisprudencial quienes, ante la necesidad de diseñar salidas al «choque» entre la legislación laboral y las normas legales de acceso a la función pública, han instrumentado una solución que, a primera vista, contiene una evidente contradicción incluso en los términos en que se denomina el peculiar contrato, pero que tiene como principal razón la necesidad de proteger el derecho del trabajador a la continuidad en la relación laboral aunque, si no se producen las pruebas de selección requeridas, no reunirán de forma plena la condición de empleados públicos.

Pero además, las dificultades legalmente establecidas no acaban aquí. la legislación de Contratos del Sector Público dificulta la incorporación de los empleados de las contratistas una vez finalizan los contratos de estas con las administraciones públicas correspondientes. Además, los problemas reaparecen con la aplicación de la Ley 15/2014 de racionalización del sector público[59] y la Ley Orgánica de Estabilidad Presupuestaria[60] en cuanto a las dificultades impuestas en el aumento de las plantillas públicas y en la limitación de las posibilidades del crecimiento del gasto en las administraciones públicas.

Por si este conjunto de medidas no fuera ya suficientemente ilustrativo de las dificultades incorporadas por nuestra legislación al proceso de retorno a la gestión desde las administraciones públicas de las concesiones que finalizan su vigencia o son rescatadas antes del cumplimiento del plazo previsto, la Leyes de Presupuestos Generales del Estado completan de forma clara un marco legal diseñado para disuadir la vía de retorno desde la gestión privada a la pública.

59 BOE, *Ley 15/2014, de 16 de septiembre, de racionalización del Sector Público y otras medidas de reforma administrativa*, Septiembre 2014.

60 BOE, *Ley Orgánica 2/2012, de 27 de abril, de Estabilidad Presupuestaria y Sostenibilidad Financiera,* Abril 2012

El artículo 19 y las disposiciones adicionales 26 y 34 de la Ley de PGE de 2017 establecen un marco en el que, de una parte, solo se permite a la hora del cómputo de la tasa de reposición (en este caso para que no se computen) los empleados con contrato indefinido no fijo que sean fruto de una sentencia judicial. De otra, se impide la incorporación al sector público (disposición adicional 26), a los trabajadores de los contratistas de concesiones de obras o de servicios públicos o de cualquier otro contrato adjudicado por las Administraciones Públicas, al personal laboral que preste servicios en sociedades mercantiles públicas, fundaciones del sector público, consorcios, en personas jurídicas societarias o fundacionales que vayan a integrarse en una Administración Pública. En tercer lugar, en aquellos supuestos en los que, excepcionalmente, en cumplimiento de una sentencia judicial, o previa tramitación de un procedimiento que garantice los principios constitucionales de igualdad, mérito y capacidad, el personal referido (..) sea incorporado a sociedades mercantiles públicas, las incorporaciones que se produzcan de acuerdo con lo previsto en este apartado, no se contabilizarán como personal de nuevo ingreso del cómputo de la tasa de reposición de efectivos[61].

Junto a ello, la disposición adicional 34 realiza una advertencia expresa, junto a un recordatorio de la responsabilidad en que incurren los órganos de personal correspondientes para evitar cualquier tipo de irregularidad en la contratación laboral temporal que pueda dar lugar a la conversión de un contrato temporal en indefinido no fijo. Adicionalmente se impide a los órganos de personal citados atribuir la condición de indefinido no fijo a personal con un contrato de trabajo temporal, ni a personal de empresas que a su vez tengan un contrato administrativo con la Administración respectiva, salvo cuando ello se derive de una resolución judicial.

61 Llama la atención la inclusión en la disposición adicional26 de la citada Ley de PGE 2017 de un párrafo en el que se establece la aplicación del principio de sucesión de empresas al personal proveniente de contratas o concesiones en el ámbito del sector público cuando, como ya se ha señalado reiteradamente tal principio colisiona decisivamente con el EBEP y determina la aplicación del conjunto de reglas aquí reseñadas.

Artículo 19. *Oferta de Empleo Público u otro instrumento similar de gestión de la provisión de necesidades de personal*

Uno. 1. La incorporación de nuevo personal en el sector público delimitado en el artículo anterior, a excepción de las sociedades mercantiles públicas y entidades públicas empresariales, fundaciones del sector público y consorcios participados mayoritariamente por las Administraciones y Organismos que integran el Sector Público, que se regirán por lo dispuesto en las disposiciones adicionales décima quinta, décima sexta y décima séptima respectivamente, de esta Ley y de los Órganos Constitucionales del Estado, estará sujeta a los límites y requisitos establecidos en los apartados siguientes. Se exceptúa de lo dispuesto en el párrafo anterior, la incorporación de personal que pueda derivarse de la ejecución de procesos selectivos correspondientes a Ofertas de Empleo Público de ejercicios anteriores o de los procesos de selección y reclutamiento para la cobertura de las plantillas de militares de Tropa y Marinería profesional fijadas en la disposición adicional décima cuarta.

2. Respetando, en todo caso, las disponibilidades presupuestarias del Capítulo I delos correspondientes presupuestos de gastos, en los siguientes sectores y administraciones la tasa de reposición se fijará hasta un máximo del 100 por ciento:

(...)

3. En los sectores y Administraciones no recogidos en el apartado anterior, la tasa de reposición se fijará hasta un máximo del 50 por ciento.

Para calcular la tasa de reposición de efectivos, el porcentaje de tasa máximo fijado se aplicará sobre la diferencia resultante entre el número de empleados fijos que, durante el ejercicio presupuestario anterior, dejaron de prestar servicios en cada uno de los respectivos sectores, ámbitos, cuerpos o categorías, y el número de empleados fijos que se hubieran incorporado en los mismos, en el referido ejercicio, por cualquier causa, excepto los procedentes de ofertas de empleo público, o reingresado desde situaciones que no conlleven la reserva de puestos de trabajo. A estos efectos, se computarán los ceses en la prestación de servicios por jubilación, retiro, fallecimiento, renuncia, declaración en situación de exce-

dencia sin reserva de puesto de trabajo, pérdida de la condición de funcionario de carrera o la extinción del contrato de trabajo o en cualquier otra situación administrativa que no suponga la reserva de puesto de trabajo o la percepción de retribuciones con cargo a la Administración en la que se cesa. Igualmente, se tendrán en cuenta las altas y bajas producidas por los concursos de traslados a otras Administraciones Públicas.

No computarán dentro del límite máximo de plazas derivado de la tasa de reposición de efectivos las plazas que se convoquen para su provisión mediante procesos de promoción interna y las correspondientes al personal declarado indefinido no fijo mediante sentencia judicial.

Tres. La Oferta de Empleo Público que corresponda a la Administración General del Estado, sus organismos públicos y demás entes públicos estatales se aprobará por el Gobierno, a iniciativa de los Departamentos u Organismos competentes y a propuesta del Ministerio de Hacienda y Función Pública. En el caso de las Fuerzas Armadas la aprobación será previo informe del Ministerio de Hacienda y Función Pública y a propuesta del Ministro de Defensa. En todos los casos será necesaria la previa valoración e informe sobre su repercusión en los costes de personal.

Corresponde a la Secretaría de Estado de Función Pública la competencia para convocar los procesos selectivos de acceso a los Cuerpos y Escalas de funcionarios adscritos a dicha Secretaría de Estado, así como los correspondientes al personal laboral del Convenio Único de la Administración General del Estado.

Cuatro. La contratación de personal laboral temporal y el nombramiento de funcionarios interinos y de personal estatutario temporal, en las condiciones establecidas en el apartado Dos de este artículo requerirá la previa autorización del Ministerio de Hacienda y Función Pública.

Asimismo, la celebración de contratos de puesta a disposición con empresas de trabajo temporal sólo podrá formalizarse en las condiciones del apartado dos de este artículo y requerirá la previa autorización del Ministerio de Hacienda y Función Pública. La contratación de personal fijo o temporal en el extranjero con arreglo a la legislación local o, en su caso, legislación española, requerirá la previa autorización del Ministerio de Hacienda y Función Pública. La autorización de convocatorias y contratos por el Ministerio de Hacienda y Función Pública a que se refiere este apartado, se otorgará a través de las Secretarías de Estado de Presupuestos y Gastos y de Función Pública.

Cinco. La validez de la tasa autorizada en el apartado uno, números 2 y 3 de este artículo, estará condicionada a que las plazas resultantes se incluyan en una Oferta de Empleo Público que, de conformidad con lo establecido en el apartado 2 del artículo 70 del EBEP, deberá ser aprobada por los respectivos órganos de Gobierno de las Administraciones Públicas y publicarse en el Boletín Oficial de la Provincia, de la Comunidad Autónoma o, en su caso, del Estado, antes de la finalización de cada año. La validez de dicha autorización estará igualmente condicionada a que la convocatoria de las plazas se efectúe mediante publicación de la misma en el Diario oficial de la Provincia, Comunidad Autónoma o, en su caso, del Estado, en el plazo improrrogable de tres años, a contar desde la fecha de la publicación de la Oferta de Empleo Público en la que se incluyan las citadas plazas, con los requisitos establecidos en el párrafo anterior, de conformidad con lo dispuesto en el apartado 1 del artículo 70 del EBEP.

Seis. La tasa de reposición de efectivos correspondiente a uno o varios de los sectores definidos en el artículo 19.uno.2 podrá acumularse en otro u otros de los sectores contemplados en el citado precepto o en aquellos Cuerpos, Escalas o categorías profesionales de alguno o algunos de los mencionados sectores, cuya cobertura se considere prioritaria o que afecten al funcionamiento de los servicios públicos esenciales.

Siete. Los apartados uno, dos, cinco y seis de este artículo tienen carácter básico yse dictan al amparo de los artículos 149.1.13.ª y 156.1 de la Constitución.

***Disposición adicional vigésima sexta.** Limitaciones a la incorporación de personal laboral al sector público*

Uno. Con efectos desde la entrada en vigor de esta Ley y vigencia indefinida, las Administraciones Públicas del artículo 2 del texto refundido de la Ley del Estatuto Básico del Empleado Público, aprobado por el Real Decreto Legislativo 5/2015, de 30 de octubre, no podrán considerar como empleados públicos de su artículo 8, ni podrán incorporar en dicha condición en una Administración Pública o en una entidad de derecho público:

a) A los trabajadores de los contratistas de concesiones de obras o de servicios públicos o de cualquier otro contrato adjudicado por las Administraciones Públicas previstas en el artículo 2.3 de la Ley 40/2015, de 1 de octubre, de Régimen Jurídico del Sector

Público, cuando los contratos se extingan por su cumplimiento, por resolución, incluido el rescate, o si se adopta el secuestro o intervención del servicio conforme a la legislación de contratos del sector público que resultase aplicable a los mismos.

b) Al personal laboral que preste servicios en sociedades mercantiles públicas, fundaciones del sector público, consorcios, en personas jurídicas societarias o fundacionales que vayan a integrarse en una Administración Pública.

Al personal referido en los apartados anteriores le serán de aplicación las previsiones sobre sucesión de empresas contenidas en la normativa laboral.

Dos. En aquellos supuestos en los que, excepcionalmente, en cumplimiento de una sentencia judicial, o previa tramitación de un procedimiento que garantice los principios constitucionales de igualdad, mérito y capacidad, el personal referido en el apartado 1.a) anterior sea incorporado a sociedades mercantiles públicas, las incorporaciones que se produzcan de acuerdo con lo previsto en este apartado, no se contabilizarán como personal de nuevo ingreso del cómputo de la tasa de reposición de efectivos.

Tres. Lo establecido en esta disposición adicional tiene carácter básico y se dicta al amparo de lo dispuesto en los artículos 149.1. 13.ª y 18.ª, así como del artículo 156.1 de la Constitución.

***Disposición adicional trigésima cuarta.** Exigencia de responsabilidades en las Administraciones Públicas y entidades dependientes de las mismas por la utilización de la contratación laboral*

Uno. Los contratos de trabajo de personal laboral en las Administraciones Públicas y en su sector público, cualquiera que sea la duración de los mismos, deberán formalizarse siguiendo las prescripciones y en los términos establecidos en el Estatuto de los Trabajadores y demás normativa reguladora de la contratación laboral, así como de acuerdo con los previsiones de la correspondiente Ley de Presupuestos Generales del Estado, siéndoles de aplicación los principios de igualdad, publicidad, mérito y capacidad en el acceso al empleo público, y debiendo respetar en todo caso lo dispuesto en la Ley 53/1984, de 26 de diciembre, de Incompatibilidades del Personal al Servicio de las Administraciones Públicas, y cualquier otra normativa en materia de incompatibilidades.

Dos. Los órganos competentes en materia de personal en cada una de las Administraciones Públicas y en las entidades que conforman su Sector Público Instrumental serán responsables del cumplimiento de la citada normativa, y en especial velarán para evitar cualquier tipo de irregularidad en la contratación laboral temporal que pueda dar lugar a la conversión de un contrato temporal en indefinido no fijo. Así mismo, los órganos de personal citados no podrán atribuir la condición de indefinido no fijo a personal con un contrato de trabajo temporal, ni a personal de empresas que a su vez tengan un contrato administrativo con la Administración respectiva, salvo cuando ello se derive de una resolución judicial.

Tres. Las actuaciones irregulares en la presente materia darán lugar a la exigencia de responsabilidades a los titulares de los órganos referidos en el apartado segundo, de conformidad con la normativa vigente en cada una de las Administraciones Públicas.

Cuatro. Las Administraciones Públicas promoverán en sus ámbitos respectivos el desarrollo de criterios de actuación que permitan asegurar el cumplimiento de esta disposición así como una actuación coordinada de los distintos órganos con competencia en materia de personal.

Cinco. La presente disposición, que tiene vigencia indefinida y surtirá efectos a las actuaciones que se lleven a cabo tras su entrada en vigor, se dicta al amparo del artículo 149.1.18.ª de la Constitución, en lo relativo al régimen jurídico de las Administraciones Públicas y el sistema de responsabilidad de todas las Administraciones Públicas.[62]

El conjunto de medidas anteriormente referidas establecen un marco legal que está produciendo un alto grado de litigiosidad en los procesos de retorno de la gestión desde el ámbito privado hacia el público (no se trata, conviene subrayarlo, de un cambio en la titularidad del servicio que siempre está en manos de la administración pública correspondiente). Una parte no despreciable de tal grado de conflicto tiene que ver con las insuficiencias de la legislación y las limitaciones que hasta el momento caracterizan la actuación judicial en el ámbito nacional y europeo. Pero si el retorno a la gestión pública se convierte en una vía cegada *de facto* por la legislación, el resultado podría ser el de la inviabilidad real del modelo de conce-

62 BOE, *Ley 3/2017, de 27 de junio, de Presupuestos Generales del Estado para el año 2017.*

sión en el ámbito de los servicios públicos sanitarios. La autoridades públicas podrían reaccionar a tal situación descartando el modelo concesional como solución si la hipótesis de retorno plantea las limitaciones que hemos reseñado[63].

Aun así, en el contexto descrito la peor solución, en ausencia de cambios legales, es el desconocimiento de las normas. El modelo concesional no ofrece necesariamente resultados inferiores en el ámbito del bienestar y de la eficiencia a los ofrecidos por la gestión pública. Por eso es bueno que se perfeccione el marco legal para permitir el tránsito adecuado en uno otro sentido en función de las preferencias públicas desde el respeto, resulta obvio recordarlo, a la ley y a los contratos de concesión. De ahí que junto a la transparencia y la seguridad jurídica pueda resultar razonable analizar otras fórmulas que lograran contribuir a ampliar el ámbito de posibles soluciones. Una de las salidas al conjunto de dificultades antes descritas en aquellas administraciones públicas que han considerado la decisión de impulsar un proceso de retorno a la gestión pública, es contemplar la posibilidad de creación de empresas mixtas con capital y participación, mayoritaria o no, de la administración pública. Una solución así permitiría mantener un grado de control en la toma de decisiones y el seguimiento de la gestión sin asumir los impedimentos actualmente planteados en nuestra legislación.

63 Téngase en cuenta que en el ámbito sanitario algunas de las concesiones públicas alcanzan a varios miles de empleos afectados que, en la práctica, quedaría en esa suerte de limbo legal diseñado alrededor de la Figuera del contrato indefinido no fijo.

Referencias Bibliográficas

ASHDORD, D. E. (1989): La aparición de los estados de bienestar. Ed. Ministerio de Trabajo y Seguridad Social, 1989.

BOE (1986): Ley 14/1986, de 25 de abril, General de Sanidad. BOE, 102, 29 de abril de 1986.

BOE (2007):Ley 7/2007, de 12 de abril, del Estatuto Básico del Empleado Público. BOE, 89, 13 abril 2007.

BOE (2011):Ley de Contratos del Sector Público. BOE, Real Decreto Legislativo 3/2011, de 14 de noviembre.

BOE (2012):Ley Orgánica 2/2012, de 27 de abril, de Estabilidad Presupuestaria y Sostenibilidad Financiera. BOE, 103, 30 abril 2012.

BOE (2014):Ley 15/2014, de 16 de septiembre, de racionalización del Sector Público y otras medidas de reforma administrativa. BOE, 226, 17 de Septiembre 2014.

BOE (2015): Real Decreto Legislativo 2/2015, de 23 de octubre, por el que se aprueba el texto refundido de la Ley del Estatuto de los Trabajadores.

BOE (2017):Ley 3/2017, de 27 de junio, de PresupuestosGenerales del Estado para el año 2017. BOE, 153, 28 de Junio 2017.

DE GRAUWE, P. (2017): The limits of the markets. Oxford University Press, 2017.

GÓMEZ, V. (2017a): Estado y mercado en perspectiva histórica. En Municipalización ¿ciudades sin futuro. Ed. Profit, 2017.

GOMEZ, V. (2017b): El papel del Estado y el mercado en la producción de bienes públicos. Un resumen del debate actual en perspectiva histórica. Ed. Observatorio local. Número monográfico especial.

GORDON M. S (1990): La política de seguridad social en los países avanzados. Ed. Ministerio de Trabajo y Seguridad Social, 1990

HIRSCHMANN, A.O. (1982): «Shifting involvements.Private interest and publicaction» .Princeton University Press, 1982 (edición en español, «Interésprivado y acciónpública». Fondo de Cultura Económica, 1986).

JUDT, T. (2006): Postguerra. Una historia de Europa desde 1945. Ed. Taurus, 2006.

MALUQUER DE MOTES, J. (2013): La inflación en España. Un índice de precios de consumo 1830-2012. Ed. Banco de España. Estudios de Historia Económica.

MINISTERIO DE EMPLEO, Anuario de Estadísticas Laborales. Cuentas integradas de protección social. Diversos años.

MINISTERIO DE HACIENDA:PGE.Informe Económico financiero y Libro amarillo del Presupuesto. Diversos ejercicios.

STIGLITZ, J. E, et al (1993): El papel económico del estado. Ed. Instituto de Estudios Fiscales, 1993.

STIGLITZ, J.E. (2000): Economics of the public sector. Edición en castellano. Economía del sector público. Ed. Antoni Bosch, 3ª edición.

SAPPINGTON, D. y STIGLITZ, J.E. (1987): Privatization, information and incentives. Ed. Journal of Policy Analysis and Management. Vol. 6 nº 4.

VII. EL MODELO ALZIRA: LA BÚSQUEDA DE LA EXCELENCIA

Ramón Tamames
Economista

1. ALZIRA: UN ESTUDIO DE CASO

El conocido como Modelo Alzira, que toma su nombre del hospital de referencia de la comarca de La Ribera, se ha convertido, por la excelencia de sus resultados tanto asistenciales como económicos, en un caso de estudio de referencia como caso de éxito de la CPP en la sanidad de un país europeo. No menos paradigmático que su éxito resulta el hecho de que la administración titular del servicio, La Generalitat Valenciana, ha manifestado de palabra y obra su voluntad de extirparlo de su sistema de salud y sustituirlo por una gestión que según sus propios indicadores y auditorías es más oneroso para el tesoro público y de peor calidad.

Empezaremos por señalar que el Modelo se sitúa dentro de la Comunidad Valenciana, cuya sanidad se estructura en 24 Departamentos de Salud. Cada uno de ellos con su propio Hospital (comarcal), así como con una red de Centros de Salud de Atención Primaria.

Así formada la red, los cinco millones de habitantes de la Comunidad Valenciana son asignados a un determinado Médico de Familia, en un Centro de Salud Primaria concreto, y a su Departamento de Salud. Lo que permite realizar una distribución de recursos con base territorial/poblacional.

El modelo CPP se aplica en cinco de los 24 Departamentos de Salud de la Comunidad Valenciana, cubriendo una población cercana a un millón de personas, un 20 por 100 del total de la Comunidad Valenciana, según detalle:

1. Hospital Universitario de La Ribera y Atención Primaria: 256.000
2. Hospital Universitario de Torrevieja y Atención Primaria: 170.000
3. Hospital de Denia: 160.000
4. Hospital Universitario del Vinalopó: 150.000

Los Departamentos gestionados mediante CPP están contratados a las siguientes concesionarias:

1. Alzira-La Ribera, Torrevieja, y Elche-Vinalopó: 100 por 100 Ribera Salud
2. Denia:65 por 100 DKV, 35 por 100 Ribera Salud
3. Manises: 100 por 100 BUPA Sanitas

En el contexto referido, el sistema CPP, ya hemos visto que en España se definió en la Ley General de Sanidad de 1986. Pero pasaron algo más de diez años para apreciar que sería conveniente transformar el sector público sanitario. Para efectivamente incorporar empresas privadas que se involucraran en la gestión del mismo. Así se estableció la ya comentada Ley 15/97 de Nuevas formas de gestión del Sistema Nacional de Salud[64].

La Ley 15/97 fue no solo el germen de los nuevos modelos de gestión —entre los que se encuentra el posteriormente denominado *Modelo Alzira*—, sino también la piedra fundacional en el desarrollo de empresas como el grupo Ribera Salud, responsable, como se

64 Enrique Rodríguez-Borja, «El modelo Alzira», *Contexto y acción*, nº 1, 15.I.2015.

verá, de los hospitales de Alzira, Vinalopó, Torrevieja y Denia y sus respectivos departamentos sanitarios de la Comunidad Valenciana. La introducción de este modelo, corrió a cargo del gobierno de la Comunidad Valenciana, siendo Presidente Eduardo Zaplana (PP) en su primera legislatura como presidente de la Generalitat Valenciana.

Prestación de servicios

Como antecedente general del tema que nos ocupa, cabe recordar que el artículo 128.2 de la Constitución Española de 1978 reconoce la iniciativa de los poderes públicos en la actividad económica, permitiendo reservar, pues, al sector público, determinados desarrollos esenciales; que se dan especialmente en los casos de monopolios naturales[65].

En esa dirección, la prestación de servicios públicos por parte de la Administración puede realizarse según modalidades distintas, según se recoge en el Real Decreto Legislativo 3/2011, de 14 de noviembre, por el que se aprobó el texto refundido de la Ley de Contratos del Sector Público. Modalidades que son la gestión directa por el órgano político de que se trate (municipio, comunidad autónoma, Administración General del Estado), gestión integrada, y gestión privada o indirecta. Esta última con sus casos particulares de sociedad de economía mixta, arrendamiento, concesión, y concierto.

En la gestión directa pública, cabe destacar que entre las referidas modalidades, las de entidad pública empresarial, y más particularmente la sociedad mercantil, suelen resultar las más eficientes. Mucho más que la prestación directa por parte de la Administración; sin duda por su mayor proximidad a una lógica de optimización de recursos en un modelo societario con gestión paralela a la privada, lo que da a la prestación de servicios mayor agilidad, evitando limitaciones burocráticas muy concretas.

65 Ramón Tamames, «Externalización de los servicios públicos *versus* remunicipalización», en C. Díaz Güell (Ed.), *Remunicipalización. ¿Ciudades sin futuro?*, Profit Editorial, Barcelona, 2017.

En cuanto a la gestión interesada, podemos apreciar que se trata de una fórmula en cuya virtud la acción mixta de la Administración pública y el empresario (persona física o jurídica), participarán en los resultados de la explotación del servicio; en la proporción que se establezca en el correspondiente contrato administrativo —artículo 156 b de la Ley de Contratos de las Administraciones Públicas, LCAP—. A tales efectos, puede estipularse incluso un beneficio mínimo a favor de cualquiera de las partes asociadas, en función del resultado de la explotación. El riesgo económico se asume, pues, de modo conjunto.

En los casos de gestión privada o indirecta, nos encontramos ante modalidades contractuales de prestación de los servicios públicos, en los que la actividad principal corresponde a una persona física o jurídica privada, que acuerda su prestación con la Administración Pública titular del servicio; previo el oportuno proceso de selección del contratista, vía licitación pública y transparente. Su régimen jurídico se encuentra previsto en los artículos 154 a 170 de la LCAP.

Por lo que se refiere a los servicios públicos que pueden ser objeto del contrato de gestión —artículo 155 LCAP—, la Administración Pública puede acudir a este medio cuando tiene un contenido económico que hace susceptibles de explotación la actividad de que se trate por empresarios particulares. La forma en cuestión presenta varias posibilidades específicas: arrendamiento, concesión o concierto.

En cualquier caso, hay una serie de ventajas de la concesionalidad, que podemos resumir como sigue:

1. La Administración no aparece como el gestor directo. Con lo cual, puede conseguirse, mediante los correspondientes concursos y licitaciones, gestores más eficientes que lo esperable de la Administración pública directa, en la que de hecho, tal gestión recae, en general, en funcionarios sin los estímulos necesarios; que acaban creando sus propias castas (Buchanan *dixit*), lo que acaba siendo una pesada carga estructural en las nóminas directas de las corporaciones.
2. En las circunstancias que en cada caso se precisa, la Administración puede retirar la concesión, con o sin indemnizaciones según los casos, de modo que puede pasarse la gestión a entidades más capaces con mejor resultado para los ciudadanos.

Por lo demás, entre los precedentes valencianos del Modelo Alzira, hay que citar, en concreto, el de 1978, con la creación del *Instituto Valenciano de Oncología*, que es una Fundación totalmente privada, concertada con la Generalitat Valenciana, lo que permite prestar el servicio público correspondiente.

Después, ya en 2003, nació la Fundación Oftalmológica del Mediterráneo, de carácter privado pero participada por la GV como patrono-fundador. Fundación que a su vez creó el *Centro Superior de Investigación, Docencia y Asistencia de Patología Oftalmológica*, que se estableció como centro de referencia en materia oftalmológica, es decir, al que se remiten los casos cuyo tratamiento tiene tales características de complejidad que aconsejan una atención especial.

Configuración

El «Modelo Alzira» se ha desarrollado de forma pionera en la Comunidad Valenciana, dando un paso más allá de todo lo anteriormente concebido; al incluir no sólo la construcción y equipamiento de la infraestructura necesaria, sino también la gestión integral del servicio sanitario durante un período de tiempo predeterminado desde que se puso en marcha, por primera vez en Europa, en el Departamento (demarcación territorial del SNS en la Comunidad Valencia) de La Ribera (Alzira), con la construcción y apertura del Hospital de La Ribera, el 1 de enero de 1999.

En un principio Ribera Salud estuvo participada en su capital por la Caja de Ahorros del Mediterráneo (CAM), Bancaixa (de Valencia) y Caixa de Carlet (una pequeña caja de la Comunidad Valenciana). Pero con la crisis que se inició en el 2008 cayeron las cajas valencianas, y Ribera Salud quedó integrada solamente por Bankia y el Banco Sabadell. Con la ulterior decisión de Bankia de vender su parte a una compañía estadounidense, *Centena Corporation*. Que con el Banco de Sabadell es la única entidad que hoy integra Ribera Salud[66]. El primer contrato de la Comunidad Valenciana con Ribera Salud se firmó

66 Sección «El Acento», *El País* digital, 15.III.2017.

en 1999 (para quince años renovables por otros cinco), y el Hospital de Alzira se abrió en 2000.

Tras la crisis de las cajas de ahorro que antes hemos comentado, se convocó una licitación y se adjudicó la concesión a una UTE, ya formada por las dos empresas ya mencionadas, el Banco Sabadell y Centena, que tiene las concesiones de cuatro clínicas públicas en Valencia, y otras cuatro en Madrid, además de la propiedad del Laboratorio Clínico Central.

Ribera Salud fue fundada en 1997, y es la única empresa española que se dedica en exclusiva al modelo CPP (o PPP, según sus siglas en inglés *Public Private Partnership*). Además de los hospitales mencionados, participa en Euscanner Salud para resonancias magnéticas. Está presente en Iberoamérica, con el Hospital del Callao y Hospital Villa María del Triunfo en Perú, y es proveedora tecnológica de varios hospitales públicos en Chile.

En mayo de 2017 se anunció que Ribera Salud participaría en la gestión de 24 hospitales públicos en Colombia (Cafesalud) en un nutrido consorcio (Prestasalud) con socios locales, que abarcan a seis millones de usuarios. Evidentemente la entrada en esos ámbitos confirma el carácter de multinacional (española) de la empresa[67].

Antes de discernir sobre las posibles bondades o deficiencias del modelo en comparación con la gestión directa, dice Enrique Rodríguez-Borja, sería conveniente *revisitar* la historia del mismo para tener clara su particular idiosincrasia. Porque el Hospital de la Ribera (o de Alzira) fue el primer hospital español en régimen de concesión administrativa. La financiación (sistema de contraprestación económica), la propiedad (la clínica pertenece a la red autonómica pública de hospitales), y el control (existe un pliego de condiciones de obligado cumplimiento con control, inspección y facultad sancionadora por parte de la Administración), quedaron enteramente en manos públicas, siendo privada la gestión, si bien siempre bajo control público.

En ese sentido, a finales de 1996, la Consejería de Sanidad de la Generalitat Valenciana decidió que la construcción y explotación del Hospital de La Ribera, en Alzira. Se pensó que se realizaría como una concesión administrativa, pero teniendo en cuenta las limitaciones legales en la prestación de servicios sanitarios por entidades pri-

67 Web de Ribera Salud.

vadas: obligaba a mantener un servicio público asistencial gratuito. Por lo tanto, la Generalitat Valenciana había de pagar a la empresa adjudicataria una cantidad fija y preestablecida por cada usuario (y no este a modo de peaje por servicio prestado). Un sistema de contraprestación, pues, muy próximo al modelo de concierto sanitario.

Elementos

En el caso del Modelo Alzira, la empresa concesionaria se comprometió por contrato, a gestionar el servicio público, a cambio de que se le garantizara un nivel suficiente de beneficios, por la gestión de un área sanitaria de aproximadamente 259.000 habitantes. Por un período en un principio de quince años más cinco prorrogables (1999-2018)[68].

En el contrato en cuestión, se especificó la inversión mínima comprometida a realizar por el gestor-operador durante el periodo contractual. Inversión que sigue el esquema BOT (Build, Operate, Transfer), inclusivo tanto del CAPEX (*Capital Expenditure*, o inversiones de bienes de capital), necesario para amortizar la construcción y equipamiento de la infraestructura, así como para el mantenimiento, reposición y actualización de la misma. De manera que en la fecha de extinción del contrato, los activos se encuentren en un adecuado estado de uso y se garantice la continuidad en la prestación del servicio público.

En esa dirección, Ribera Salud invirtió más de 500 millones de euros en la construcción y mejora de la infraestructura y equipamientos de salud en la sanidad pública de la Comunidad Valenciana en los veinte años de su concesión, desde 1999 al 2018.

En resumen, el Modelo Alzira, es un caso notable de innovación, de colaboración pública-privada, CPP. Sistema que con diversas formalizaciones se utiliza habitualmente en diversidad de países en todo el mundo, por gobiernos nacionales, regionales o locales; para prestaciones y servicios públicos en diferentes sectores.

---

68 El grupo de empresas privadas que conformaron la UTE (unión temporal de empresas) Ribera Salud, compuesta por: Adeslas (51 por 100); Bancaixa, CAM y Caixa Carlet —cuando existían— (45 por 100); y dos empresas constructoras: ACS - Dragados (2 por 100), y Lubasa, (2 por 100). Situación que cambió ulteriormente como se verá.

En el área sanitaria, la CPP se desarrolla en Europa en más de 300 hospitales con la introducción de fórmulas de gestión innovadoras. Y no es extraño que los países más avanzados económicamente sean los que más han recurrido al modelo: es ya casi una ley económica esa cooperación al máximo en países con los niveles más altos de renta.

En definitiva, el modelo CPP es de gran provecho potencial en países como España, que cuentan con un Sistema Nacional de Salud considerado como un logro social, a preservar y mejorar; en analogía a lo que sucede en naciones como Reino Unido, Portugal, Suecia, Noruega, Dinamarca, o Finlandia.

Características

La apuesta por el modelo Alzira supuso un punto de inflexión respecto a otras iniciativas similares en el resto de Europa, al incorporar por primera vez, un modelo de financiación basado en el *pago capitativo* en el sistema público sanitario. Esto es muy importante, porque así se financia la salud de la población en función del número de usuarios potenciales del servicio (habitantes), y no según la actividad realizada.

La Sanidad de la Comunidad Valenciana puede considerarse como su mayor empresa del sector servicios, con unos cinco millones de «clientes», la mayor plantilla (45.000 profesionales), una red de más de 1.000 centros y un presupuesto de más de 4.500 millones de euros (datos de 2016). Lo que significa casi el 40 por 100 del presupuesto total de la Generalitat Valenciana. Un sistema que se rige por los siguientes principios:

— *Financiación pública.* Como se ha dicho, el modelo está basado en un pago capitativo, la misma filosofía que tendría una prima de aseguramiento. Así las cosas, la Generalitat Valenciana paga al concesionario una cantidad anual por cada uno de los habitantes del departamento de salud incluidos en el sistema de información poblacional, para que sean debidamente atendidos. Este sistema permite a la Administración conocer el coste anual de la asistencia sanitaria pública de un Departamento, durante todo el periodo que dura la concesión. Además, el precio capitativo está pactado, y la Administración transfiere al concesionario todo el riesgo financiero de la actividad.

— *Control público.* El hospital está sujeto al cumplimento de las cláusulas del pliego de condiciones de la concesión administrativa, de modo que en el caso que nos ocupa, hay un contrato firmado por Ribera Salud con la Generalitat Valenciana. De manera que la Administración ejerce un control permanente sobre el concesionario a través de la figura, única en España, del *Comisionado de la Consejería* de Sanidad, con capacidad de control, inspección, facultad normativa y sancionadora. Una figura a la que nos referimos luego.

— *Propiedad pública.* El centro objeto de concesión es un hospital público, construido sobre suelo público y perteneciente a la red de hospitales públicos de la Consejería de Sanidad de la Comunidad Valenciana. Aunque la inversión inicial para su construcción y dotación de recursos materiales y humanos fuera parte íntegra de la sociedad concesionaria, el hospital en cuestión revertirá íntegramente a la Generalitat cuando expire el plazo de la concesión.

— *Prestación privada*: La prestación sanitaria del departamento es gestionada por la empresa adjudicataria durante el período de la concesión.

Obviamente, los principales elementos constitutivos del servicio, se enmarcan dentro de la estrategia competitiva, definida por el Hospital de La Ribera para lograr sus objetivos. En el sentido que el Prof. Barea daba a esa situación, en relación con una serie de parámetros medibles en las siguientes variables:

— *Calidad.* El Hospital de La Ribera apostó por ofrecer una amplia cartera de servicios, superior a la de cualquier hospital público de sus dimensiones, superando, además, su carácter comarcal inicial en diversidad de actividades. Actualmente, se dispone de prácticamente todas las especialidades médicas y quirúrgicas, con el objetivo de evitar la fuga de pacientes y fidelizarlos.

— *Diferenciación.* La habitación individual que el hospital de La Ribera ofrece a sus pacientes, con todo tipo de comodidades, tanto para el enfermo como para su acompañante, es algo casi único. Se busca con ello aumentar al máximo el confort y la satisfacción del paciente, y es la mejor publicidad.

— *Innovación.* Se hace todo con la más moderna tecnología, que aporta mayor capacidad y rapidez de respuesta, con servicios diferenciados y la agilidad en la atención y eficiencia interna; gracias a la simplificación racional de procesos con la menor burocracia posible.

— *Flexibilidad.* Se consigue merced a la amplitud de horarios de atención y la facilidad para conseguir cita, a fin de adaptar el servicio del hospital a las necesidades del ciudadano. Al contrario de lo que ha sido tradicional en el sector público, el Hospital de La Ribera mantiene sus servicios de ocho de la mañana a diez de la noche, con cita telefónica desde las ocho a las 22 horas y cita previa a través de Internet.

— *Tiempo.* La mejor planificación de la actividad permite reducir las listas de espera, con la observación diaria de las atenciones médicas, lo que permite reducir los tiempos de demora[69].

Comisionado y SAIP para control público

En el contrato de la Generalitat Valenciana con Ribera Salud, se nombró a una persona, que tiene la condición de estatutario, para que ejerza la representación de la Consejería como Comisionado en el Hospital de La Ribera y centros dependientes, y que tiene las siguientes funciones[70]:

1. Controlar, aceptar o denegar las propuestas de ingreso programado de los enfermos no pertenecientes a la población de referencia.
2. Ordenar el traslado de pacientes, en casos de ingreso de otras

69 D. Alberto de Rosa Torner, Director Gerente de La Ribera, Departamento 11 de Salud, *Las nuevas fórmulas de gestión en la sanidad pública: Modelo Alzira,* en el informe de IEE de las nuevas formas de gestión sanitaria «modelo Alzira», Madrid, 2006.

70 Dr. D. Manuel Martín Ferrer, comisionado de la Consejería de Sanidad para la Ribera Departamento 11 de Salud, *Unidad del comisionado,* en el Informe del IEE Las nuevas formas de gestión sanitaria «modelo Alzira», Madrid, 2006.

demarcaciones, que considere deben ser remitidos a su hospital de referencia.

3. Supervisar la realización de las encuestas o sondeos de opinión que proponga la Comisión Mixta de Seguimiento, órgano conjunto.
4. Recibir las sugerencias, quejas y reclamaciones de los usuarios del hospital, informando en cada caso a la dirección de éste.
5. Solicitar y recibir las estadísticas de actividad que considere necesarias, con enumeración de los pacientes pendientes de atención en cada una de las especialidades.
6. Controlar y expresar alternativas a la programación pendiente en los nuevos servicios de consultas de especialidades y diagnóstico.
7. Vigilar la conservación del equipamiento sanitario de cualquier naturaleza e instalaciones, e informar a la Comisión Mixta de Seguimiento sobre las reparaciones necesarias para mantenerlos en las mejores condiciones.
8. Ejercer la jefatura orgánica del personal dependiente de la Consejería en los centros gestionados por el concesionario.
9. Verificar y, en su caso, devolver la facturación del concesionario de actos médicos, en los casos realizados a pacientes no correspondientes a la población protegida por el contrato.
10. Comprobar la veracidad de la facturación de pacientes ajenos a la población, protegida por el contrato, dando o no su conformidad a la misma.

Como se ve, el Comisionado tiene funciones importantes en la conexión que significa el buen funcionamiento del sistema CCP. Una autentica supervisión del contrato y del servicio prestado. Por otra parte, el decreto valenciano 122/1988 regula la estructura y funciones del Servicio de Atención e Información al Paciente (SAIP), entre cuyas funciones destacan:

1. Informar y asesorar a los pacientes y familiares para afianzar la confianza y mejorar la calidad asistencial percibida.
2. Atender y tramitar todas las sugerencias, quejas, reclamacio-

nes y agradecimientos por parte de los pacientes y/o personas directamente interesadas.

3. Coordinarse con la Dirección General del Hospital para la Atención al Paciente, con el desarrollo de los programas de recogida de la actividad (gestión de casos—PIGU)

2. VALORACIONES DEL MODELO ALZIRA

En esta sección vamos a referirnos a diversas valoraciones: Sindicatura de Comptes, UCA-Berkeley, Harvard y Deloitte.

Auditoría de la Sindicatura de Comptes

Fue encargada por el Gobierno PSPV/Compromis, dirigido por el Presidente de la Generalitat Valenciana Ximo Puig, y la Vicepresidente Mónica Oltra. Esta auditoría demostró en 2017, casi *ad nauseam*, que los hospitales públicos de gestión privada lideran todos los indicadores de eficiencia y satisfacción. En ese sentido, las conclusiones de la auditoría revelaron que los centros públicos de gestión privada son más baratos, eficientes, con mejor tecnología, mejor calidad de los servicios y, en definitiva, están mejor valorados por los pacientes.

En resumen, se ha dicho que Ribera Salud representa, a escala mundial, un caso de éxito en gestión sanitaria. En el momento actual, el modelo asistencial disfruta del consenso de los principales expertos en gestión sanitaria, quienes no dudan en citarlo como el marco más idóneo para garantizar el desarrollo del «accountable care» (atención contable), y el logro del internacionalmente aceptado como «Triple Objetivo» (Triple Aim), de las que se derivan:

1. Mayor calidad y mejores resultados asistenciales
2. Mejor experiencia global a la hora de dar el servicio
3. Mayor eficiencia y control de costes

Ese éxito radica, entre otras cosas, en el hecho de haberse intro-

En relación con los principios de eficiencia, eficacia y economía de la gestión

- **Inconsistencia** en la determinación de la cápita inicial: mismo precio que otras concesiones (basado fundamentalmente en el criterio de ahorro económico y flexibilidad contractual), pero distintas obligaciones.
- **25% de ahorro** en el gasto corriente sanitario público con relación a los hospitales comarcales: 42,5 millones de euros anuales.
- **Coste**: **721 euros** por habitante, de los cuales aproximadamente 47 euros son por inversiones (894 euros de gasto corriente en departamentos con hospital comarcal).
- **Menor coste por empleado**: **44.722 euros** el coste medio por empleado laboral en la concesión (49.453 euros el coste del personal estatutario en comarcales).
- **Menos facultativos**: **2,33 facultativos** por cada 1.000 habitantes (2,75 de media en comarcales). 4.074 horas de facultativo por cada 1.000 habitantes (4.370 horas de media en comarcales).
- **Mayor dotación tecnológica**: **29 euros** por habitante en equipamiento de alta tecnología sanitaria (15 euros de media en comarcales).
- **67** especialidades en su cartera de servicios (48 de media en comarcales).
- **67%** cumplimiento de objetivos (56% en comarcales).
- **85%** de los pacientes declaran estar satisfechos o muy satisfechos con la atención sanitaria recibida (81% en total Comunitat Valenciana).
- **111 millones de euros** en inversiones realizadas por el concesionario (99% de cumplimiento). Total inversión comprometida final concesión: 137 millones de euros.

En relación con el control de la prestación por parte de la Administración

- **Ausencia** en el contrato de concesión de clausulado específico sobre indicadores de resultados y su sistema de evaluación, que dificulta el análisis y seguimiento permanente de la ejecución del servicio que se presta.
- Solo **12 reuniones** de la Comisión Mixta de Seguimiento en siete años. **Ineficaz** como órgano de control. **Atribuidas competencias** propias del órgano de contratación, cuando no tiene tal condición.
- **Incumplimiento** de medidas de control: inversiones, contratación de personal directivo, rentabilidad.

En relación con el precio del contrato

- **Inexistencia** de un procedimiento claro de liquidación, lo cual conlleva dificultades significativas para aprobar las liquidaciones anuales.
- **36,4 millones de euros** cuestionados por la inobservancia del techo máximo en el cálculo de los pagos a cuenta (periodo 2014-2016).
- **29% de incremento** vía modificación contractual por asunción posterior de la zona de salud de Mislata: obstáculo a la concurrencia y dudas sobre el mantenimiento del equilibrio financiero.
- **75 días** de plazo medio de pago. El concesionario reclama 10,8 millones de euros en intereses de demora.
- **179,8 millones de euros** de diferencia global entre propuestas de liquidación de la Administración y el concesionario (a favor de la Administración, periodo 2009-2013).
- **Pendiente resolución judicial** del litigio en el TSJCV.
- **Expedientes de resarcimiento** de daños como alternativa a la resolución de las discrepancias.
- **39,2 millones de euros** de exceso en la contraprestación capitativa por aplicación no literal de la cláusula de revisión prevista en los pliegos (periodo 2009-2013).

Magnitudes clave y hechos relevantes
Auditoría operativa de la concesión de la asistencia sanitaria integral en el Departamento de Salud de Manises, Ejercicios 2009-2015, Sindicatura de Comptes

ducido herramientas de gestión privada, pero manteniendo siempre los criterios y valores públicos en los que se sustenta el carácter del SNS, así como el control del Gobierno a través de diversas fórmulas de verificación continua.

En otras palabras, se trata de combinar la fortaleza del sistema público, ofreciendo una sanidad gratuita y universal del más alto nivel, con la flexibilidad que aporta la gestión privada; patente en la introducción de estrategias de recursos humanos motivados, lo que facilita una gestión clínica más flexible, innovadora en nuevas tecnologías y sistemas de información, etc.

La auditoría señaló también que el gasto público del Hospital de Alzira, objeto de análisis principal, es de 721 euros por habitante, el 21,3 por 100 menos que el gasto público en asistencia sanitaria en el conjunto de centros públicos catalogados como comarcales, que asciende a 916 euros por habitante.

En definitiva, de acuerdo con los resultados de la Auditoría en cuestión, los hospitales públicos de gestión privada lideran de manera clara todos los indicadores estudiados: los cinco hospitales catalogados como concesiones —Elx Crevillent, Manises, Torrevieja, Denia y La Ribera— tienen menor gasto sanitario público por habitante, mayor porcentaje de pacientes satisfechos, menor lista de espera quirúrgica estructural, mayor porcentaje de pacientes atendidos en el mismo tiempo y mejor servicio de urgencias. Amén de otras situaciones ventajosas (y deficiencias y planteamientos del concesionario) como puede verse en el cuadro adjunto.

Pero además de resultados tan favorables como los expresados en la Auditoría Oficial de la propia Sindicatura de Cuentas de la Comunidad Valenciana, hay testimonios importantes que valora el Modelo Alzira en el más alto grado. Se trata de los casos, ya se adelantó, de la Universidad de California (UCA), Berkeley, de la Universidad de Harvard, de su Escuela de Negocios, y de la auditora Deloitte.

Qué opina la Universidad de Berkeley, California

El modelo de gestión público-privado de la sanidad en la Comunitat Valenciana fue cuestionado en varias ocasiones tras su puesta en marcha en 1999, y tales críticas se exacerbaron tras las elecciones autonómicas que llevaron al poder en la Comunidad Valenciana al PSVP y Compromís. Desde entonces, el Consell, donde gobiernan, critica la «mercantilización» de la sanidad y la consellera Carmen Montón aboga por no renovar ninguna de las concesiones[71].

Frente a tales actitudes, es del mayor interés el estudio de investigación multinacional desarrollado en la Universidad de Berkeley (EEUU), liderado por Richard M. Scheffer —catedrático de la Salud y Políticas Públicas en la Escuela Goldman y titular de la Cátedra de Mercados de la Salud y Bienestar—, que se ha centrado en el Hospital Universitario de La Ribera.

La base del referido estudio es el *Triple Aim*, en el que los autores parten de la idea de que es posible lograr un servicio de salud mejor y más completo, mejorando tres aspectos: incrementar la satisfacción de los pacientes, avanzar en los resultados de salud, y reducir o contener costes.

Lo más cierto es que según Berkeley, estamos ante un modelo de integración Hospital/Atención Primaria, que con sus herramientas de gestión, mejora los resultados en salud, merced a la referida integración, ya que permite controlar a los enfermos en todas sus fases, teniendo muy en cuenta cuestiones como son el envejecimiento y las enfermedades crónicas.

El estudio referido se puso en marcha en 2013, cuando un equipo del Prof. Scheffer de la UCA, Berkeley, visitó el hospital de La Ribera, recogiendo datos de salud respaldados por los informes de los gerentes, que a su vez se extraen de la información del sistema *Alumbra*, donde se vuelca toda el conocimiento que va teniéndose para utilizarlo en tiempo real.

Según las apreciaciones del estudio de Berkeley, un ciudadano cuesta a la administración pública 1.324 euros en departamentos de gestión pública directa, mientras que en la concesión administrativa ese mismo ciudadano costaba 931 euros, un 29,7 por 100 menos.

Por otra parte, según los datos de junio de 2017 difundidos también por Berkeley, destacan que el Hospital de Alzira tiene mejores resultados, 20 días de espera frente a la media de todos los demás hospitales de la Consejería, de 39 días, en el tiempo para primeras

71 http://valenciaplaza.com/un-estudio-concluye-que-el-hospital-de-la-ribera-ahorra-casi-un-30-por-habitante-al-consell

visitas. También en intervenciones quirúrgicas, que es de 40 días en Alzira o 57 en los departamentos gestionados por la Consejería.

Richard Scheffler, en su visita a España en 2017 analizó los retos globales de nuestro sistema de salud, entre ellos, el creciente envejecimiento de la población. Y la periodista de *ABC* Josefina G. Stegmann le hizo una entrevista en la que le hizo dos preguntas, que tuvieron sus correspondientes respuestas[72]:

> —*¿Tiene España algo que mejorar en cuanto a su atención y su sistema de salud?*
>
> > —*España puede mejorar, sin duda. Por ejemplo, haciendo que los hospitales compitan entre sí, de manera que los pacientes puedan elegir siempre el que le brinde mejor calidad.*
>
> —*Ha trabajado en el polémico hospital de La Ribera de Valencia, ¿qué evaluación hace?*
>
> > —*El Hospital de La Ribera es un buen ejemplo de la combinación de la gestión pública y privada. Desafortunadamente, las políticas locales no le permitieron desarrollarse como hubiera podido.*

El estudio de caso de la Universidad de Harvard

En medio de la polémica sobre la gestión de la sanidad y con la Generalitat anunciando la reversión del modelo Alzira de gestión privada al de carácter público, la Escuela de Negocios de Harvard (*Harvard Business School*, HBS), la incluyó en su conocido «método del caso», para estudiar su modelo de gestión[73]. En ese sentido, Harvard estudió el modelo durante la visita que Regina Herzlinger, de la HBS, hizo en 2013 al hospital de Alzira. Debiendo recordarse al respecto que Harvard investiga cualquier clase de entidades que considera interesantes; habiéndolo hecho para España con Mercadona, Inditex, Mango o Telefónica.

---

72 Josefina G. Stegmann entrevista a Richard Scheffer, «En el futuro habrá que llevar la atención médica a las casas», *ABC Salud*, 16.IX.2017.

73 http://www.levante-emv.com/comarcas/2015/11/20/harvard-respalda-modelo-hospital-alzira/1343984.html

Para seleccionar esos casos prácticos a estudiar, la HBS dispone de una red de centros de investigación en todo el mundo (París, Tokio, Hong Kong, Shangai, Buenos Aires, Sao, Paolo, Bombai y Estambul), con expertos sobre el terreno que identifican las compañías que interesa diseccionar.

Los tres puntos que más destacaron los alumnos y docentes sobre el modelo de colaboración público-privado fueron, por un lado, la relación a largo plazo que establece una empresa y la Administración para prestar los mejores servicios públicos a menos coste ya que se trata de un modelo financiero muy particular. Según se puso de manifiesto, este modelo requiere del desarrollo de modelos avanzados de segmentación poblacional y modelos predictivos pues, como los resultados de salud se consiguen a largo plazo, hay que hacer una fuerte inversión en tecnología y en promoción de la salud y prevención de la enfermedad en el entorno de una medicina personalizada.

Además de esta larga relación de partenariado, el debate se centró en el reto de construir un nuevo posicionamiento y relación entre los *stakeholders* (grupos de interés): atención primaria y especializada, el domicilio, el sector social y la comunidad (asociaciones de pacientes, colegios, ayuntamientos…) y su implicación en el estado de salud de la población impulsado por un modelo de financiación capitativo pionero en Europa. Por último, un tercer aspecto que subrayaron fue la importancia de estar a la vanguardia tecnológica, en un sector con un fuerte peso de la I+D y de la innovación.

El 3 de noviembre de 2015 se presentó el modelo de La Ribera, como *business cas estudy*, en una clase magistral de la Universidad de Harvard, en Boston (Massachusetts), elaborada por la profesora Regina E. Herzlinger y presentada por el profesor Kevin Alan Schulman.

Consultoría Deloitte

A los casos de UCA-Berkeley y Harvard, y otros ya vistos, hay que agregar que en noviembre de 2015, una delegación internacional de la consultora internacional Deloitte visitó el Hospital de La Ribera, para estudiar de primera mano su modelo de gestión. El equipo visitante estuvo integrado por consultores sanitarios de Deloitte, procedentes de Australia,

EE.UU. y Reino Unido, y entre los puntos de interés estaban la integración entre los niveles asistenciales, la atención basada en la eficiencia y las políticas de formación e incentivación de los profesionales[74].

También analizaron la gestión del personal, las medidas que garantizan la calidad asistencial, los indicadores de control por parte de la Administración, la tecnología y los Sistemas de Información, la importancia de la fidelización y satisfacción de pacientes, y la promoción de la salud.

3. APRIORISMO IDEOLÓGICO VERSUS EXCELENCIA

En la versión que se hizo pública del acuerdo pre-electoral entre PSPV, Compromís y Podemos en 2015, incluía este párrafo: «Recuperación del sistema sanitario público: auditoría de los concesiones administrativas sanitarias y estudio de las vías adecuadas que permitirían la reversión completa».

La reversión anunciada

Actualmente, los contratos por los que la Generalitat tiene cedida la asistencia sanitaria de cinco departamentos de salud a concesionarias privadas —concretamente, ya se dijo, de Alzira, Torrevieja, Dénia, Elche-Vinalopó y Manises—, tienen una vigencia de 15 años que podría ser prorrogables otros cinco. Así, el fin de la del Hospital de Alzira es en 2018. Después será el turno de Torrevieja en 2021, Dénia en 2023, Manises en 2024 y Elche en 2025[75].

La decisión de revertir el sistema CPP al directo en Alzira, supone claramente que funciona una idea fuerza: el modelo CPP se considera sinónimo de la privatización de la sanidad pública. Por otro lado, se

74 http://valenciaplaza.com/un-estudio-concluye-que-el-hospital-de-la-ribera-ahorra-casi-un-30-por-habitante-al-consell

75 http://valenciaplaza.com/un-estudio-concluye-que-el-hospital-de-la-ribera-ahorra-casi-un-30-por-habitante-al-consell

estima que el modelo *se ha inventado por el PP* para que «empresas y empresarios amigos hagan negocio con la salud de los ciudadanos».

El caso es que de una forma más o menos velada, desde la propia Consejería de Salud de la Comunidad Valenciana, está buscándose transmitir la idea de que Ribera Salud es una empresa muy vinculada al PP. Lo cual no tiene fundamento actual, pues por razones de corrupción (que nadie ha suscitado en el caso que nos ocupa frente a Salud Ribera), toda la cúspide del PP valenciano fue removida en 2015/2016, como es público y notorio. Esto es, el PP cambió a sus protagonistas, en tanto que Ribera Salud continuó con su propio *staff.*

En cualquier circunstancia, lo que resulta evidente es que desde la Consejería de Sanidad se ha iniciado un proceso político para la reversión de la CPP en Alzira, con gran parafernalia mediática para ello. Ante lo cual, Ribera Salud, como las otras empresas valencianas colaboradoras con la Generalitat por el sistema CPP, están abiertas y dispuestas a entablar las vías de diálogo y negociación que sea necesario.

Sin embargo, para que esta situación de concienciación se produjera, sería necesario que exista voluntad por ambas partes y, en base a los hechos comprobados, está claro que la Consejería de Sanidad ha optado por la unilateralidad en el proceso de toma de decisiones manifestando de manera contundente su nula voluntad de explorar una potencial negociación que fuera beneficiosa para las partes y sobre todo para los ciudadanos.

Es lamentable que los hechos conduzcan a la conclusión y al objetivo político más que claro: terminar con las concesiones y arruinar la reputación de Ribera Salud y de sus responsables sin argumentar con criterios de eficacia y eficiencia, sino solamente sobre la base de razones ideológicas. E ignorando por entero la auditoría oficial de la propia Sindicatura de Comptes de la Comunidad Valenciana.

Tras dieciocho años de desarrollo del marco CPP en la sanidad valenciana, puede asegurarse que existe margen suficiente para encontrar soluciones y adaptaciones desde el marco actual, que permitan encajar las piezas; de forma que resulte un acuerdo aceptable para ambas partes, en vez de ir a una situación traumática de cambios seguramente estructurales *a no se sabe dónde,* en algo que ha estado funcionado bien (mejor que el resto del sistema público valenciano de salud) por casi dos décadas.

Habrá además un coste de oportunidad: la Generalitat tendrá que allegar fondos adicionales para atender a las concesiones que van a retirarse. Lo que representará menor servicio en otras actividades (asistenciales) de perfil necesariamente público que pueden ser importantes.

Y desde luego, lo que ya es exigible, si finalmente se va a la extinción del CPP con Ribera Salud, es que haya una licitación, para que todos los nuevos aspirantes a la gestión (incluidos los públicos) expresen su capacidad, verificándola en sus posibilidades reales.

La reversión inusitada

Y no se trata solo de la conveniencia de hacer una nueva licitación en su caso, como se acaba de apreciar, sino que, además, la propia Generalitat tendría que encuestar a los beneficiarios del Modelo Alzira para saber si les interesa seguir como hasta ahora, o cambiar a un sistema de gestión pública.

La Generalitat Valenciana se arriesga a cometer un gran error sin esas consultas previas y sin las licitaciones a que nos hemos referido. Porque como se ha demostrado cuando se pregunta a la gente, la respuesta es terminante: hay una muy clara preferencia por las sociedades de seguro médico *versus* la sanidad pública.

Así puede comprobarse en el cuadro adjunto, con tres grandes mutualidades que en conjunto abarcan más de dos millones de beneficiarios: la Mutualidad General de Funcionarios del Estado (MUFACE), el Instituto Social de las Fuerzas Armadas (ISFAS), y la Mutualidad General Judicial (MUGEJU).

Puede apreciarse que, a la hora de elegir, en Muface hubo una inmensa mayoría a favor de entidades de seguro médico como Adelsas, Asisa, DKV Seguros, e IMQ.

En el caso de ISFAS, puede decirse que nadie opto por la sanidad pública, concentrándose todos en Adeslas y Asisa.

Y en la tercera experiencia, de MUGEJU, sólo una pequeña fracción optó por la sanidad pública, prefiriendo la inmensa mayoría también, pasar a ser afiliados de Adeslas, Asisa, Mapfre, Sanitas, DKV y Caser.

Esa experiencia de encuestas así, hay que tenerlas en cuenta a la hora de tomar las decisiones en el caso de la Comunidad Valenciana. De otra manera, se estaría desvirtuando el principio de libre elección, del que han disfrutado más de dos millones de mutualistas en el conjunto nacional. Y debe recordarse aquello del artículo 14 de la Constitución, cuando dice que «todos los españoles son iguales ante la Ley».

E incluso existe la posibilidad de que si los actuales beneficiarios de la sanidad pública/CPP de Valencia se unieran, podrían plantear que la Generalitat les diera un trato análogo al que el Estado dio a las mutualidades.

La reversión desquiciada

La comunicación a Ribera Salud de la reversión a hacer en el Hospital de Alzira, se comunicó el 28 de marzo de 2017, y será efectiva en abril de 2018, fecha en que la Generalitat de Valencia asumiría todas las responsabilidades. Y en torno a esa caducidad anunciada, la Sra. Carmen Montón, Consejera de Salud de la Comunidad Valenciana, ya manifestó el 28 de febrero de 2017, que «el modelo Alzira será *exterminado(sic)* por ley, para ir a una gestión pública directa, con la modificación de la Ley valenciana de Sanidad 10/2014, de 29 de diciembre». En la misma dirección, la Sra. Montón, afirmó, el 1 de marzo de 2017[76], que «*enterrará(sic)* el modelo Alzira»[77]. Expresiones amenazantes más propias de personajes siniestros de un thriller que de la descripción de la acción política en un estado de derecho.

En la ocasión, se puso de relieve, una vez más, que era inoportuno citar los cinco hospitales del Modelo Alzira, que son centros mundiales de referencia de sus respectivos departamentos de salud públicos, y que disponen de los mejores indicadores en listas de espera, entre otros, según el propio sistema de control público *Alumbra*. La mejor prueba de su eficiencia es que ninguno de los gerentes de los departamentos concesionales fueron convocados a la reunión de directivos de Sanidad del 28.II.17, pues no hay quejas de su funcionamiento, y poner de relieve eso, no habría sido políticamente correcto.

Sin embargo, del lado de la Comunidad Valenciana, y su actual gobierno, hay manifestaciones y decisiones que rompen la unidad antigestión privada que defiende la Sra. Montón. Así, el Dr. Ricardo Campos, Subsecretario de la Consejería de Sanidad, contradice a la propia Consejera, cuando manifiesta que el Hospital de La Ribera tiene mucha más calidad que las clínicas públicas de gestión directa de la Comunidad Valenciana. Y así se demostró, oficialmente, al publicarse, por la Sindicatura de Comptes una apreciación global de todo el tema, que se dio a la luz el 20 de enero de 2017. En ese informe —que hemos utilizado ampliamente en este capítulo—, la Sindicatura de Comptes se refirió al estudio como totalmente imparcial y que cubre el periodo 2009/2015[78].

---

76 *El Mundo* digital, 18.9.2017.

77 http://www.elmundo.es/comunidad-valenciana/2017/09/06/59af8788268e3ee-2348b45ab.html

78 Portal digital «Valencia Plaza», 18.IX.2017.

Pese al informe de la Sindicatura y los informes de gestión de la propia Consejería de Sanidad que avalan el modelo Alzira, y no obstante ser el más eficiente, que ahorra gasto a la administración y presta un servicio con un mayor grado de satisfacción entre los pacientes, a pesar de todo eso el propósito de la Generalitat Valenciana es acabar con el modelo. Porque sí, porque se supone que la gestión privada es un negocio ideológicamente inaceptable. Y todo ello a pesar también de reconocer que desde las clínicas públicas de gestión directa seguirá enviando pacientes a hospitales privados en el caso de las listas de espera que en algunos casos superan los 12 meses.

4. LA OLEADA DE POPULISMO

La causa profunda de la actitud de la Generalitat Valenciana es la oleada de populismo que afecta a España desde 2015. Que es algo que no parece tan pasajero —dice el Prof. Gaspar Ariño Ortiz—, porque es la consecuencia del malestar social que se vive en la actualidad en gran parte del mundo occidental (Europa y EE.UU.), como resultado de un «largo proceso de baja moral del capitalismo, a consecuencia de una extrema desigualdad social»[79]; y que está rompiendo el lazo de unión y cohesión que la socialdemocracia había tratado de construir desde 1945, hasta la década de 1970, con una política keynesiana en pos del pleno empleo[80].

La Gran Recesión (2008-2013), y otros factores como la globalización y la revolución tecnológica, con sus efectos sobre los mercados de trabajo, junto con el freno a la sociedad del bienestar ha tenido como fruto esa difícil situación[81].

79 Puesta de relieve por Thomas Pikkety, *El capital en el siglo XXI*, Fondo de Cultura Económica de España, Madrid, 2014.

80 Ramón Tamames, *La necesaria colaboración pública/privada en los servicios públicos*, Instituto de Estudios Económicos, Madrid, 2017.

81 Gaspar Ariño Ortiz, «Los populismos han llegado para quedarse», *Expansión*, 23.VI.2017.

Una ideología muy extendida

Por otra parte, el populismo —dice Álvaro Vargas Llosa—, «no es exactamente una ideología, sino un método para alcanzar el poder y mantenerse en él». Por eso, también se pone el acento en algunas declaraciones, como las de Daniel Ortega, Presidente *vitalicio* de Nicaragua, cuando afirma que «la democracia y el pluripartidismo solo sirven para dividir a los pueblos y son producto de la dominación imperialista»[82].

Frente al populismo se alza hoy el Objetivo de Desarrollo Sostenible (ODS) número 17 en la ONU, que plantea fomentar y promover la constitución de alianzas público-privadas para facilitar la consecución de las metas establecidas en la Agenda 2030. En otras palabras, para afrontar los retos del siglo XXI, es necesario que seamos capaces de conectar de forma eficiente a todos los agentes, ya que la economía del futuro, sin lugar a dudas, pasa por la colaboración público-privada (CPP)[83] de todos sin exclusiones.

Por otra parte, mientras el comunismo era un movimiento relativamente homogéneo desde una perspectiva política, ideológica e incluso organizativa, el populismo es mucho más heterogéneo. Lo encontramos en el chavismo (con fuerte influencia peronista y castrista), o en el populismo xenófobo en Europa en países como Holanda o Austria, o con el de Marianne Le Pen en Francia. Al mismo tiempo, es evidente que existen grandes diferencias entre las diversas manifestaciones tipológicas, como sucede en EE.UU. con el propio Presidente Trump.

El engranaje político y sus consecuencias

El populismo se caracteriza en lo fundamental en que ofrece soluciones rápidas y simplistas a problemas complejos; en asociación casi siempre a un izquierdismo social de claro *infantilismo*, o un tanto polí-

82 Álvaro Vargas Llosa, «El estallido del populismo», *El Cultural*, 30.VI.2017.
83 Entrevista a Albert Martínez Lacambra, Consejero Delegado de Aigües, *IAGUA magazine*, junio 2017.

ticamente *naif* si se quiere. Como sucedió en varios países iberoamericanos: peronismo/kirchnerismo en Argentina, el citado chavismo en Venezuela, y en parte Evo Morales en Bolivia, y Rafael Correa en Ecuador. Con una polarización social a favor de los anti-casta, sin entender que tal polarización excluyente, destruye los pilares del desarrollo político y económico. Al separar de la sociedad piezas que no por casualidad, sino por la propia estructura, son partes vitales de la misma. Dicho de otra forma, el populismo puede romper el tejido político y no para bien.

En fin de cuentas, el populismo revive la vieja historia sartriana de *El Engranaje*[84]: los revolucionarios más o menos populistas, desplazan gradualmente a los gobiernos más conservadores, pero acaban cayendo en la corrupción y en la autocracia que criticaron; por obra y gracia de un engranaje político y social que no acierta a facilitar la definitiva erradicación de las corrupciones y la tiranía por falta de ética en los propios populistas[85].

La crítica del programa político más populista planteado en España, durante 2014 y 2015, es de máximo interés, porque refleja la simplificación de enfoques, seguidos de promesas incumplibles, y sin sentido, como salirse del euro para recuperar la peseta, o irse de la UE a fin de poder manejar nuestro propio comercio exterior. O expoliar a los ricos para atender a los pobres hasta acabar con la riqueza.

Llegaríamos a una situación de máxima gravedad si los populismos quisieran trastocar los sistemas y métodos vigentes, que tienen grandes dosis de I+D+i, en cuanto a servicios públicos que funcionan CPP por la vía de la concesionalidad, con procedimientos sumarísimos de remunicipalización o de reestatificación[86]. A ese respecto, hay que subrayar en todo momento la necesidad de que asegurar el Estado de Derecho, por respeto a la Constitución de 1978, contra la que no caben rupturas del principio fundamental de la seguridad jurídica.

Todo lo anterior viene muy a cuento a la hora del intento de reversión del Modelo Alzira por un conjunto de decisiones públicas en

---

84 Jean Paul Sartre, *El Engranaje*, Losada, Madrid, 2017.

85 Ramón Tamames y Ramiro Aurín, con prólogo de Jesús Sánchez Lambás, Gobernanza y gestión del agua: modelos público y privado, Profit Editorial, 2015.

86 Ramón Tamames, Valeriano Gómez, Jesús Sánchez Lambás, Ramiro Aurín, Lorenzo Dávila, *Remunicipalizacion. ¿Ciudades sin futuro?*, Profit Editorial, Barcelona, 2017.

la Comunidad Valenciana, de marcado carácter populista por parte de la Generalitat, que podrían crear una situación traumática en la prestación de una serie de servicios públicos indispensables.

En vez de mejorar, lo que ya tenemos y funciona —en lo que todavía es un largo y esforzado recorrido—, puede darse un salto atrás de consecuencias lamentables. Es lo que se deduce de frases como *enterrar*, o *erradicar* el Modelo Alzira, tal como se ha oído de algunas altas autoridades, concretamente a Doña Carmen Montón.

En definitiva, tras el estudio hasta aquí realizado, cabe aspirar a unas conclusiones iniciales, que formulamos seguidamente.

5. REFLEXIONES SOBRE EL MODELO ALZIRA

En una visión general, tiene poco sentido que una experiencia CPP tan importante, y de tanto éxito como el Modelo Alzira, según observadores conspicuos (Berkeley, Harvard, Deloitte, Sindicatura de Comptes, etc.), se abandone en la senda de su necesario perfeccionamiento vía CPP, para retornar a sistemas obsoletos. Esa marcha atrás sería una aventura contra el progreso social, tecnológico y económico. Con todo lo que de coste traumático tendría esa operación de retorno a una situación de mucha menor eficiencia.

En términos de I+D+i, el Modelo Alzira ha significado un avance considerable. Difícil de mantener sin las estructuras de gestión CPP que ahora la Generalitat Valenciana quiere desmantelar. Y es bien sabido que el avance en el frente de la tecnología, el conocimiento y la organización es vital en cualquier clase de emprendimiento, y particularmente en la práctica médica y la gestión de la salud.

Hay también un *coste de oportunidad*, porque al asumir directamente un servicio público que funciona bien y con un coste reconocidamente menor que el de su producción por la administración, habrá que recrecer gastos en Sanidad, perjudicando otras aplicaciones presupuestarias perentorias, en pro de temas asistenciales importantes como la Ley de dependencia, educación, etc.

La licitación es indispensable si se quiere cambiar de modelo. Siempre dentro de la CPP. De modo que si se pretende la reversión en el caso de Alzira, se propone que la Generalitat de Valencia valore, con criterios racionales, el tema. Recurriendo a un jurado solvente, para decidir en un concurso. En el que se tengan en cuenta valores económicos y sociales, y todo ello con la máxima transparencia, en pro de la eficacia y eficiencia y no en razón a criterios ideológicos.

En pro de la transparencia y la equidad sería conveniente preguntar a los Comisionados de los hospitales CPP sobre la conveniencia objetiva, en base a su experiencia comparada de cambiar o no el Modelo Alzira, o de volver a la gestión pública por una cuestión nominativa o ideológica y no de eficiencia y eficacia, en definitiva no por una cuestión de interés general.

También habría que recabar la opinión de los ciudadanos, que son los verdaderos propietarios del servicio público, que actualmente están marginados en las decisiones. Es lo menos que cabe hacer: que los pacientes del SNS en la Comunidad Valenciana opinen en función del uso que ellos hacen del servicio público actual frente a lo que podría venir.

Bibliografía y referencias

ASHDORD, D. E. (1989): *La aparición de los estados de bienestar.* Ed. Ministerio de Trabajo y Seguridad Social, 1989.

BOE (1986): *Ley 14/1986, de 25 de abril, General de Sanidad.* BOE, 102, 29 de abril de 1986.

BOE (2007):*Ley 7/2007, de 12 de abril, del Estatuto Básico del Empleado Público.* BOE, 89, 13 abril 2007.

BOE (2011):*Ley de Contratos del Sector Público.* BOE, Real Decreto Legislativo 3/2011, de 14 de noviembre.

BOE (2012):*Ley Orgánica 2/2012, de 27 de abril, de Estabilidad Presupuestaria y Sostenibilidad Financiera.* BOE, 103, 30 abril 2012.

BOE (2014):*Ley 15/2014, de 16 de septiembre, de racionalización del Sector Público y otras medidas de reforma administrativa.* BOE, 226, 17 de Septiembre 2014.

BOE (2015): Real Decreto Legislativo 2/2015, de 23 de octubre, por el que se aprueba el texto refundido de la *Ley del Estatuto de los Trabajadores.*

BOE (2017):Ley 3/2017, de 27 de junio, de Presupuestos Generales del Estado para el año 2017. BOE, 153, 28 de Junio 2017.

DE GRAUWE, P. (2017): *The limits of the markets.* Oxford University Press, 2017.

GÓMEZ, V. (2017a): *Estado y mercado en perspectiva histórica.* En *Municipalización ¿ciudades sin futuro.* Ed. Profit, 2017.

GOMEZ, V. (2017b): *El papel del Estado y el mercado en la producción de bienes públicos. Un resumen del debate actual en perspectiva histórica.* Ed. Observatorio local. Número monográfico especial.

GORDON M. S (1990): *La política de seguridad social en los países avanzados.* Ed. Ministerio de Trabajo y Seguridad Social, 1990

HIRSCHMANN, A.O. (1982): *«Shifting involvements. Private interest and publicaction»* .Princeton University Press, 1982 (edición en español, «Interés privado y acción pública». Fondo de Cultura Económica, 1986).

JUDT, T. (2006): *Postguerra. Una historia de Europa desde 1945.* Ed. Taurus, 2006.

MALUQUER DE MOTES, J. (2013): *La inflación en España. Un índice de precios de consumo 1830-2012.* Ed. Banco de España. Estudios de Historia Económica.

MINISTERIO DE EMPLEO, *Anuario de Estadísticas Laborales. Cuentas integradas de protección social.* Diversos años.

MINISTERIO DE HACIENDA: *PGE. Informe Económico financiero y Libro amarillo del Presupuesto.* Diversos ejercicios.

STIGLITZ, J. E, et al (1993): *El papel económico del estado.* Ed. Instituto de Estudios Fiscales, 1993.

STIGLITZ, J.E. (2000): *Economics of the public sector.* Edición en castellano. *Economía del sector público.* Ed. Antoni Bosch, 3ª edición.

SAPPINGTON, D. y STIGLITZ, J.E. (1987): *Privatization, information and incentives.* Ed. Journal of Policy Analysis and Management. Vol. 6 nº 4.